Demos und Custos

BÜCHER VON THOMAS KLINGER

IM MENSAION VERLAG:

Menschentiefen.
Gedichte

Demos und Liberator.
Gedichte. Über Demokratie und ihre Potenzialität

Demos und Magister.
Gedichte. Über Demokratie und ihre Lehren

Die Schwäne der stillen Gewalt.
Über die Psychologie der Mobber

Die vielen Gesichter der Religion.
Eine sinnvolle Differenzierung

Über die Tragödien.
Und die Notwendigkeit eines friedvollen Lächelns

Von den Dingen und dem Sinn.
Kommentare zu Leben, Mensch, Natur und Klima

Von jenem Sinn in den Undingen.
Kommentare zu mir, dir, uns und dem ganzen Kósmos

170 Aspekte.
Über die Moderne und ihre heilige Kuh

IM WERNER KRISTKEITZ VERLAG:

Zazen • Gedichte

Thomas Klinger

DEMOS UND CUSTOS

— Über Demokratie und ihre Verletzlichkeit —

Gedichte

MENSAION VERLAG

Alle Rechte vorbehalten, insbesondere das der Übersetzung,
des öffentlichen Vortrags, sowie der Übertragung
durch Rundfunk und Fernsehen, auch einzelner Teile.
Kein Teil des Werkes darf in irgendeiner Form
(durch Fotografie, Mikrofilm oder andere Verfahren)
ohne schriftliche Genehmigung des Verlages reproduziert
oder unter Verwendung elektronischer Systeme
verarbeitet, vervielfältigt oder verbreitet werden.

Originalausgabe – im Mensaion Verlag
© 2024 by Thomas Klinger
ISBN-978-3-68918-007-2 (Hardcover)
ISBN-978-3-68918-000-3 (Softcover)
ISBN-978-3-68918-001-0 (E-Book)
Satz: LaTeX and TeX4ebook, ebgaramond
Herstellung: tradition
Gedruckt in Deutschland
Umschlaggestaltung: © by Mensaion Verlag
https://www.mensaion.de/
Besuchen Sie uns im Internet

*Wenn die Nacht erscheint und es gilt wach zu bleiben,
dann lass die Augen klar nicht in das Dunkel sinken.*

*Heut ist die Zeit, da Geschichte erscheint
auf dem Markt, in der Bahn, bei dem Fest.*

*Wo ist das Leid, das sich noch nicht weint
ins Verzeihen, in das Licht und Vertrauen?*

*Wer ist bereit für die Wahrheit, die meint
zu erkennen, zu verstehen, zu verdauen?*

*Dass die Freude, der Sinn sich zügig vereint,
um nicht Scherben zu kehren und die Pest?*

Inhaltsverzeichnis

Inhaltsverzeichnis, ix
Vorwort, 1
1 Edel ist, 5
2 Der Liebe Beginn, 6
3 Es mögen, 6
4 Jetzt ist die Zeit, 6
5 Auf dem Gassigang, 7
6 Der Hund, der bellt, 7
7 Jahreszeiten, 8
8 Sie traten ins Freie, 8
9 Erklär mir, 9
10 Von gewissen Mächtigen, 10
11 Die Freiheit ließ sich nicht beirren, 10
12 Die edlen Ziele, 11
13 Der Wolf und der Frieden, 12
14 Wie gehen wir mit den Stacheln um, 13
15 Nach Klarheit suchen, 13
16 Wo an Gewalt sie sich anlehnten, 14
17 Ich werde mich nicht freuen können, 15
18 Wer weiß wann, 16
19 Erwachsen, 16
20 Was ist die Freiheit all der guten Kunst?, 17
21 Kunst und die Wahrheit, 17
22 Auf dem Weg zur Stille, 18
23 Die Lerche, 19
24 Sie gingen wieder auf Straßen und die Plätze, 19
25 Joshua, 20
26 Füllig und maßlos, 20

27	Leuchten,	21
28	Vereitelte Konstruktivität,	21
29	Täuschung und Wahrheit,	21
30	Springende Frösche,	22
31	Schau an,	23
32	Trauen,	23
33	Schande,	24
34	Am Tage als die Sonne brannte,	24
35	Wer schaut den Frieden,	24
36	Eisige Hunde,	24
37	Wo uns ein Frieden eint,	25
38	Nicht recht sachlich,	25
39	Find' zu der Liebe hin,	25
40	Was wird aus jenen,	25
41	Sag froh, du Freiheit,	26
42	Wer eint sich noch,	26
43	Selbstgefälliges Bereden,	26
44	Wer einen Schmerz noch in sich hat vergraben,	27
45	Du zeuge die Flamme,	27
46	Vom Schreiben,	27
47	Am Morgen schreibe ich,	28
48	Ich habe heute,	28
49	Lesen und Schreiben,	28
50	Sie klagten nur,	29
51	Traut sich der Mensch,	29
52	Herzbezeugen,	30
53	Jene Nachgeborenen,	30
54	Wenn Leben endet,	30
55	Gelingt der Wahrheit Sinn,	30
56	Marcellus' Garten,	31
57	Die Gartenarbeit,	31
58	Sie lächeln,	32
59	Der Unterschied,	34
60	Zum Unterschied gesellt sich zu,	34
61	Der Tränen Quelle,	35
62	Was Sache ist,	35
63	Schlaftrunken,	35
64	Herbert,	35
65	Seelenhygiene,	36

66	Reflektieren, 36	
67	Über Grenzen, 37	
68	Den kühlen Helden verirrter Zeit, 38	
69	Wer legt einen Wert auf Wahrheit und Stil, 39	
70	Treu sei der Mensch, 39	
71	Kollegen-Limerick, 40	
72	Zufall oder Einfall?, 41	
73	Sie gehen nun zu Tausenden, 41	
74	Die Denkenden, 42	
75	Die Fratze Krieg, 43	
76	Friede sei allen, 43	
77	Wo wandelt Frieden, 44	
78	Wandle den Frieden nicht um, 44	
79	Die Falschen und die Richtigen, 45	
80	Der Widerstand der heutigen Leute, 45	
81	Farbbeutel, 46	
82	Den Atem stehlen, 46	
83	Wage den Kampf mit der Wahrheit, 46	
84	Ich bin der Geist, der stets, 47	
85	Über den Kampf mit der Wahrheit, 47	
86	An alle politisch Denkenden und Handelnden, 48	
87	Klug ihr schon seid, 48	
88	Welch frohe Welten gehen voraus, 49	
89	Der Ruhe Gemüt, 49	
90	Wissen und Weisheit, 50	
91	Drohe nur, 50	
92	Bewegung und Regung, 50	
93	Abschied I – Nimm an das Licht, 51	
94	Wem mangelt der Sinn für den Abschied, 51	
95	Abschied II – Ins Unbekannte, 52	
96	Wer niemals an den Abschied denkt, 52	
97	Es mag der Regen jenes Rot der Adern waschen, 53	
98	Such jene Freude, 53	
99	Sie lebten und schrieben, 54	
100	Die schattigen Träger der Krawatte, 55	
101	Kaum ein Mensch des Volkes mag, 56	
102	„Zum Henker mit der Wahrheit!", 57	
103	Wenn Menschen nicht die Fragen stellten, 58	
104	Heute erstrahlt jener Widerstand, 58	

105	Vom Begehren des „Unmöglichen",	59
106	Nur Freundlichkeit die Welt gewinnt,	60
107	Sei entschieden,	61
108	Vom „Petzen" und anderen Reflexionen,	62
109	Ich muss akzeptieren manch weltlichen Sinn,	63
110	Die Meinung ist willig,	63
111	Wie kam es wohl? Wie wurden wir? – Und wo wandern wir hin?,	64
112	Der Grund unseres Seins,	65
113	Vom Stillsein, Zuhören und Umdrehen,	66
114	Was ist still?,	66
115	Wir sind zum Spaß auch hier auf dieser Erde,	67
116	Die Frage, die nicht rührt,	67
117	Beschmutze nicht des Daseins Leben,	68
118	Wenn Fragen kaum in Frage kommen,	69
119	Erwiderung auf eine Bayern-Kritik,	69
120	Grenze und Tänze,	69
121	Die eitleren Leute,	70
122	Apropos Schönheit,	71
123	Vom Sinn des Augenblicks,	71
124	Suche Freiheit,	71
125	Es wandern die Weisen ins schattige Land,	72
126	Es kamen die Ratten,	73
127	Vom Unbekannten,	74
128	Das Wissen ist keine beliebige Sache,	75
129	Wer wollte froh schon sein,	76
130	Und niemals den Neid,	77
131	Es sind die Tage treu,	77
132	Wer heute nicht und nie an morgen denkt,	78
133	Glaub fraglos nicht,	79
134	Siehst du die Gleichheit nur,	79
135	Wer Bücher liest,	80
136	Popper, Brecht und ich,	82
137	Wir sollten keine Schuldigen suchen,	83
138	Erkenntlichkeit,	83
139	Soll dich die Politik ertragen,	84
140	O wie wahr sind weise Worte,	86
141	Wer auf Fragen verzichtet,	86
142	Fragen und Freiheit,	86

143	Sie drücken wieder, 87	
144	Wer stetig an den Brücken baut, 87	
145	Das Volk und die Stufen, 87	
146	Das große Schweigen ist schon lange, 88	
147	Poetische Sentenz 1 – Zur Aktualität der Zeit, 88	
148	Poetische Sentenz 2 – Zur Aktualität der Zeit, 88	
149	Poetische Sentenz 3 – Zur Aktualität der Zeit, 89	
150	Poetische Sentenz 4 – Zur Aktualität der Zeit, 89	
151	Poetische Sentenz 5 – Zur Aktualität der Zeit, 89	
152	Poetische Sentenz 6 – Zur Aktualität der Zeit, 90	
153	Poetische Sentenz 7 – Zur Aktualität der Zeit, 90	
154	Poetische Sentenz 8 – Zur Aktualität der Zeit, 90	
155	Wach auf, Gerechtigkeit!, 91	
156	Die Lüge, die sich nicht füge, 91	
157	Es gäb' sie nicht, 91	
158	Konstruktiver Realismus, 92	
159	Was wir tun können, 93	
160	Schau mal an, 93	
161	Lass dich nicht bitten, 93	
162	Über die sozialen Medien, 94	
163	Öffne dir die Augen selbst, 94	
164	Der Brei und der Schrei, 95	
165	Klarheit und Hetze, 95	
166	Die Weils der Details, 95	
167	Trage das Wissen, 95	
168	Über die Märtyrer-Phantasie, 96	
169	Die Wurzel, 96	
170	Du Freund und Freundin, 97	
171	Nun deutlich wir sollten, 97	
172	Über die Kommunikation mit einem Manipulateur, 98	
173	Die Masche, 99	
174	Über das dunkle Herbeireden, 100	
175	Die Leidenschaft erneut, 100	
176	Glaubt den Rechten nicht, 100	
177	Über die freie Meinung – Ein Gespräch, 101	
178	Es gibt die Wahrheit, 103	
179	Es gibt der Wahrheit einige, 103	
180	Stell die Fragen, 103	
181	Na(r)zissten, 104	

182	Die Maske eines Negierenden,	104
183	Lande am Punkt,	104
184	Sinn, Vertrauen, Menschlichkeit,	105
185	Schau auf in jenen weiten Raum,	106
186	Was sind die Fragen?,	107
187	Manche Leute glauben gerne,	108
188	All der Trommler Wege,	109
189	Frage die Welt,	109
190	Nicht rational sind manche Leute,	110
191	Heute hast du's in der Hand,	110
192	Damals und heute,	111
193	Die Welt ist manchmal entrückt aus der Zeit,	111
194	Der große Mund,	112
195	Freund und Freundin, sei bewusst,	112
196	Freie und unfreie Welt,	112
197	Die schweigende Masse, sie schweigt nimmer mehr,	113
198	Die Kläger und die Schläger,	114
199	Gewissen oder keines,	114
200	Warum unbequem?,	114
201	Von einem gewissen Volk,	115
202	Es kommt nicht in Frage,	115
203	Irrtum und Licht,	116
204	Über die Verachtung jener,	116
205	Wie sollten wir uns glücklich finden,	117
206	Freude versus Schuld,	118
207	Klage versus Freude,	118
208	Klage versus Schönheit,	118
209	Wenn uns ein Traum noch nicht verbindet,	119
210	Schau gerne auf das farbige Leben,	119
211	Was ist die Wahrheit denn?,	120
212	Schwanke nicht,	120
213	An die Politik: Schaut nicht zu,	121
214	Wenn die Musi spielt, dann,	121
215	Worauf noch wartet ihr?,	121
216	Lasst die Faschisten nicht mitregieren,,	122
217	Große und kleine Welt,	122
218	Entledigt euch,	123
219	Die AfD-Protest-Partei,	123
220	Still nicht der Weise,	123

221	Sie weiß noch nicht, 124	
222	An die AfD-Abgeordneten, 124	
223	Der Verschwörungserzähler und der schwankende Wähler, 125	
224	Auch schwanke nicht hier, 125	
225	So manche sind in sich verfangen, 126	
226	Sei klug, 126	
227	Im Redefluss des Lehrers, 127	
228	Die Irrenden, 127	
229	Scheindebatten, 128	
230	Es lebt die gute Welt, 128	
231	Wenn jene Grenzen uns erreichen, 129	
232	Gezielter Entzug auf Zeit, 129	
233	Was wäre vonnöten, 130	
234	Der Bürger und der Staat, 130	
235	Edel der Mensch, 131	
236	Am Tage, wenn wir demonstrieren, 132	
237	An den guten Freund, die gute Freundin, 133	
238	Wer tieferen Sinn sucht, 133	
239	Glaub nicht der Klage, 134	
240	Froh ist der Mensch, 134	
241	Wo in der Welt, 135	
242	Wir suchenden Menschen, 135	
243	Die einfache Logik des Nationalen, 136	
244	Glauben, Wissen, Erkenntnis, 136	
245	Der Grund, der uns vernetzt, 137	
246	Wir sind die Millionen, 138	
247	Wenn einer meint, 138	
248	Deutsche Geschichte – Wendemarken, 139	
249	Wenn größere Bögen betrachten, 139	
250	Es tragen die Welten den größeren Sinn, 140	
251	Von der Freude des Ego, 141	
252	Demokratisch handeln und verwandeln, 142	
253	Die Phrase ist kalt und heiß, 143	
254	Achtung und Achtsamkeit, 143	
255	Soll klug sein der Mensch, 144	
256	Sucht Freude, 144	
257	Schuld zeugt der Mensch, 144	
258	Schaut, wie, 145	

259	Wer glaubt sich im Recht für gerechtere Dinge?,	145
260	O danke,	146
261	Vom Leben und Gott,	147
262	Geworfen in den Raum dieser Welt,	147
263	Vom Deutschtum-Dünkel mancher,	148
264	Es irren so manche im Leben herum,	149
265	Die destruktiven Leute,	150
266	Wie kann's uns gelingen,	150
267	Die tätige Hoffnung,	151
268	Wenn einmal und ständig,	152
269	Das kalte Zeugen kruder Logik,	152
270	Geht es dem Menschen im Leben recht gut,	153
271	Schauen und Verstehen,	153
272	Immer mehr,	153
273	Es kommt heut weg,	154
274	Vom Sticheln der Faschisten,	154
275	Wenn wahr dir das Leben,	155
276	So ist das Leben,	155
277	Verharmlose nicht,	156
278	Sie glauben die Lügen,	156
279	Schuld verteilen,	156
280	Strafe und Macht,	157
281	Weisheit wird sein,	157
282	Den Deutschen erschien,	157
283	Damals und heute vergleichen,	157
284	Keine Chance den Faschisten,	157
285	Faschisten und Gewalt,	158
286	Faschisten und der Trotz,	158
287	Vom Verschlingen der Lügner,	158
288	Der Faschist ist Verbrecher,	158
289	Der Faschist ist ein Graus,	159
290	Der Faschist ist Ungeist,	159
291	Tatsächlich krankend,	159
292	Über die Umkehr und Projektion,	160
293	Ich hasse nicht,	160
294	So wähle weise,	161
295	Kein weich gekochtes Ei bitte,	161
296	Schließlich sei froh,	162
297	Schließlich die Chance auf Sinn der Erkenntnis,	162

Anmerkungen, 165
Alphabetisches Verzeichnis, 166

Vorwort

Dieser Gedichtband widmet sich dem Thema „Volk und Beschützer", im Sinne einer Aufgabe des Volkes sein eigener Wächter für Frieden, Freiheit, Gerechtigkeit und Wahrhaftigkeit, zu sein. Doch das Buch ist damit auch all jenen Menschen gewidmet, die seinen Frieden und seine Freiheit, seine Effizienz und Konstruktivität, seine Sachlichkeit und Geduld, seine Einigkeit und sein grundlegendes Recht, bedrohen und verderben wollen.

Nicht erst seit den wunderbaren und hunderttausendfachen Demokratiebekundungen ab Januar 2024 in Deutschland, widme ich mich den Fragen nach dem Menschen und der Beziehung zwischen individueller Erkenntnis und der Güte einer Gesellschaft, die daraus erwächst oder nicht. Der Humanismus ist mir ab Mitte der 1990-er Jahre in die Seele gelangt und die Fragen nach der Erfüllung und dem Gegenteil, unserem Irren, sind zentrale Themen auf dem Weg eine Menschlichkeit zu kultivieren, die aus einem echten Verstehen erwächst, das sich bewusst ist, dass es immer etwas Neues zu erkennen gibt. Bis zum letzten Atemzug.

In den 18 Tagen nach dem 10. Januar 2024 schrieb ich etwa 130 Gedichte, von denen nur drei oder vier nicht in diesen Gedichtband gelangt sind. Am Tag 12 kam die Einsicht, einen Buchtitel zu finden und weitere Gedichte zum Thema zu schreiben, um das Buch noch vor den im Juni desselben Jahres anstehenden Wahlen dem an Demokratie und Menschlichkeit interessierten Leser zur Verfügung zu stellen. Ebenso nahm ich die Komplettierung von Terminen für Lesungen in den Blick und suchte nach geeigneten Orten, die ich über die digitalen Medien anschrieb.

Das Journalisten-Netzwerk CORRECTIV hatte investigativ die Ungeheuerlichkeit der nun eindeutig faschistisch zu nennenden Partei „Alternative für Deutschland" (AfD), offengelegt, und die faschistisch agierenden Abgründe schreckten ganz Deutschland auf, sodass in wenigen Tagen danach fast eineinhalb Millionen Menschen friedlich in den Städten und Kommunen für Demokratie und gegen Faschismus demonstrierten. Und auch in der zweiten Woche danach fanden in etwa 300 Ortschaften in Deutschland Demonstrationen für Demokratie und gegen Faschismus statt. Mit mehreren Hunderttausend Teilnehmern.

Das Volk eines Landes ist sein eigener Beschützer, es wacht über die duldbare Politik und ist stets kritisch den politisch zu weit rechts und zu weit links liegenden Positionen (den Positionen rechts von Rechts und links von Links), die vom demokratischen Tellerrand fallen. Wenn die Gemeinschaft des wahlberechtigten Volkes nachlässig würde und nicht achtsam bliebe, wird aus ihren Stimmen und Versenkungen sich Ungeist erheben und – mit anscheinend legitimen Mitteln der Wahl – sich der Demokratie an die Macht setzen. Und diese abzuschaffen versuchen. Das ist natürlich als widersinnig zu betrachten, dass eine Demokratie es zuließe, das Anti-Demokraten und Faschisten sich wählen ließen, um dann die Wahlen abzuschaffen und eine Diktatur zu errichten.

Wir Deutschen haben zwischen 1933 und 1945 ein großes Trauma erlitten, als sich Ungeist mit demokratischen Mitteln an die Macht setzte, und das sich in unser Geschichtsverständnis eingeordnet hat. Offenbar noch nicht bei allen.

Doch es heißt: Nie wieder Faschismus, nie wieder Unmenschlichkeit, nie wieder Hass und Hetze, mit dem alles immer beginnt. Und zwar nicht nur in Deutschland, sondern überall auf der Welt, wo Menschen miteinander Volk sind und die Frage erscheint, wer, wie und warum regieren soll. Besonders die Demokratie, mit ihrem regelmäßigen Turnus der Wahlen, steht ständig vor diesen Fragen: Wer macht die beste Politik? Wer sind die geeigneten politischen Persönlichkeiten? Wer muss abgewählt werden? Wem wird verziehen, wer wird weiterhin anerkannt und das Vertrauen – oder erstmals das Vertrauen – geschenkt?

Demokratie, Freiheit, Frieden, Gerechtigkeit, Menschenwürde, sind keine Selbstverständlichkeiten, wir müssen kontinuierlich an ihnen arbeiten und uns und andere daran messen, was uns die Klugen, die Philosophen, manche Intellektuellen und Menschenkenner und -Freunde zu sagen haben. Es lohnt sich, denn die beste aller schlechtesten Staatsformen, ist es wert weiter entwickelt zu werden. Wer dabei sein will und mitgestalten, sich einbringen will und kann, wer Freude hat am Menschsein und Leben, an dieser einmaligen Existenz, der wird den ungeistigen Umtrieben wachsam und stark beggennen wollen und müssen. Er wird aufklären, vermitteln, befragen, erklären, innehalten und eingestehen, dass wir das Paradies vor uns haben und nicht schon jetzt erreichen können.

Doch es wird eines sein, dass uns nicht vor unbequemen Ansichten verschont oder uns völlig ohne Leid und Anstrengung sein ließe.

Dass wir überhaupt existieren, ist ein großes Geschenk. Doch nur dann, wenn wir gelernt haben und erkennen, dass wir gleich in unserer Verschiedenheit sind. Und dass daraus ein Verstehen und eine Liebe folgen, die niemals am Ziel sind, doch auf einem zielgerichteten Weg des Respekts und der Demut vor der Zeit und Geschichte, vor dem Nächsten und Fernen, vor dem Freunde und Feinde.

Wer wollte ein Land besser beschützen, als das Volk selbst? Wer wollte den Frieden besser verteidigen, als die eigene Bevölkerung? Wer wollte die Freiheit besser nutzen, als der Bürger, der das Land und die Erde schätzt, der den Menschen liebt und die Freude ehrt? Und wer wollte das Leben auf dieser Erde besser schützen, als die Menschheitsfamilie selbst?

Große und tiefe Erkenntnisse warten auf jeden von uns. Kleine und flache Gedanken zerrütten den Ernst und den Humor einer friedlichen Welt. Die Nachlässigkeit im gewöhnlichen Denken, die Unachtsamkeiten im täglichen Leben, die Fehlleistungen in der Deutung des Wahren – sie sind zu schauen, zu erkennen, zu begreifen und zu vermeiden. Eine Leidenschaft, Achtsamkeit und Leistung im Denken, Empfinden und Fragen nach dem Sinn und den Dingen der privaten, religiösen und politischen Welt, sind zu üben. Keiner und keine sind vor Irrtum gefeit, keine und keiner sind vor Schaden sicher, keinem und keiner bleibt dann und wann das Leid erspart.

Wo aber manche notorisch dazu neigen sollten, andere zu beschuldigen, ohne sich selbst an die berühmte eigene Nase zu fassen, müssen wir einschreiten und klären, worin die Wahrheit und die Fakten zu finden sind. Durch Entschiedenheit, Nachdruck, Gelassenheit, Ernsthaftigkeit, dem Willen zu Verstehen und dem intuitiven Empfinden für die richtigen Fragen zur Aktualität der jeweiligen Zeit.

Wer die Fragen ignorierte und die Angebote zu sachlichem, aber freundlichem und vertrauensvollem Gespräch ignorieren oder verweigern sollte, den müssen wir achtsam anschauen und befragen, vor ihm müssen wir auf der Hut sein, ihn könnten wir mit den verfassungsrechtlichen Grenzen einer Demokratie in die Schranken weisen müssen. Denn es gibt auch und gerade in einer Demokratie die Grenzen der Toleranz, die Grenzen des Erlaubten und die Grenzen des Unerträglichen.

Die Gewährung einer Erlaubnis der Überschreitung gewisser Grenzen, wäre gleichbedeutend, mit der Ignoranz vor der Gewalt, dem erzwungenen Schweigen vor der Unmenschlichkeit und dem Einknicken vor der Gleichgültigkeit. Eine Demokratie lebt gerade vom Gegenteil: vom Interesse für Erkenntnis, von der Suche nach Wahrheit, von der Rede im Vertrauen und der Verwicklung eines Friedens, der jederzeit in Gefahr ist und daher jederzeit achtsam beschützt werden muss.

Der vorliegende Gedichtband DEMOS UND CUSTOS widmet sich dem Volk und seinem Auftrag sein eigener Beschützer und Wächter zu sein oder zu werden, wenn es geboten ist und dringlich. Das Buch widmet sich aber auch der Menschheit und seiner Verantwortung das Leben auf der Erde zu erhalten und nicht nur am Leben zu bleiben, um zu überleben, sondern die geistige Essenz des Daseins zu verwirklichen, um den großen Bogen der Evolution des Lebens und des menschlichen Bewusstseins nicht abbrechen zu lassen. Möge der Mensch den Frieden finden, jetzt, und nicht nachlassen, ihn zu verteidigen, wenn er bedroht ist oder in Gefahr gerät zerrüttet und verdorben zu werden. Möge der Mensch besonders den Frieden stetig vertiefen und die immense Weite des Daseins in diesem Kósmos gebührend verwirklichen.

Thomas Klinger, Januar 2024

I
EDEL IST

Edel ist, was uns verbindet,
dass Faschismus hier verschwindet!

Und in aller Welten Länder
sollen bunt sein, die Gewänder!

Kommt, ihr Freundinnen und Freunde,
es soll bröseln, was einst bräunte.

Farben werden Leben spenden,
jeglich Braunes früh beenden.

Denn Nie-wieder bleibt Nie-wieder
jenem Land der klugen Lieder.

Von Faschisten sich befreien,
soll die Welt sich gütig weihen.

Denn das Gute sich nur findet
bei dem Edlen, das verbindet.

Nicht im Spalten oder Hetzen,
nicht im Sinn und Geist-Verletzen.

Nicht im Jagen oder Klagen,
sondern durch das Fragen wagen.

Edel ist, wenn wir benennen,
wie wir Wahrheiten erkennen.

Wo nie wieder wir uns hassen,
wird der Frieden unseren Massen.

Wo wir nicht am Sinn betrüben,
werden wir Vertrauen üben.

So wird edel, frei der Geist,
der das Kluge uns beweist.

2
DER LIEBE BEGINN

Kann es sein, der Mensch wird weise,
wenn er nach der Wahrheit sucht?
Sinnig, tief, erfolgreich, leise,
doch nicht mehr den Welten flucht?
Schaut so Wahrheit, Schönheit, Güte,
mit Vollkommenem innig lebt?
Da, gewiss, er seine Blüte
hin in die Entfaltung webt?

So wird's sein, es sei bewiesen,
Menschen suchen stets nach Sinn,
braucht es aber auch ein Gießen
jenes Pflänzchens zum Gewinn
eines Geistes, eines Herzens,
eines freien, frohen Sinns,
da doch auch die Last des Schmerzens
gibt der Liebe den Beginn.

3
ES MÖGEN

Es mögen gute Zeiten kommen,
die Frieden unserer Seele sind,
die Eintracht auch im Geist vernommen,
wo Wahrheit frei den Sinn gewinnt.

Es möge sich der Sinn betonen,
der immer öfter sich gelingt,
ein Herz recht tief dazu gewonnen,
wenn staunend Schönheit frei beginnt.

4
JETZT IST DIE ZEIT

Jetzt ist die Zeit die großen und tiefen Fragen zu stellen,
da die Phrase entzweit, wenn der Ungeist erneut davon schwätzt.

5
AUF DEM GASSIGANG

Erst gestern Abend auf dem Gassigang,
der Winterhimmel klar besternt, erleuchtet,
war mir nach dem unendlichen Gesang
der Seele, fast; die Straße war befeuchtet

und schaute, all vergänglich, unter mir
in jene Ewigkeit hinauf, froh belebt,
bis bald, in fernen Jahren der Milliarden,
der Gott allein, nur sich das All bewegt

und ich und du und wir vergangen sind
in den Photonenschauer jener Sonne Kind,
die aufgebläht zum Roten Riesen allemal
bald lässt dem Zufall nie mehr unsre Wahl

und keiner mehr erinnert sich an dies,
was hier gewesen war, mit all dem Leid,
der Freude und dem Sex, was doch bewies,
dass kostbar ist ein jede kleine Zeit

und all der Ärger von der Wahrheit zeugt:
der Edle sich der Zeiten Last nicht beugt,
doch nutzt sie frei, zur Frucht und hell,
nimmt wahr des einig Ewigen zeitlos Quell'.

6
DER HUND, DER BELLT

Der Hund, der bellt, weil es ihm eigen,
weil er so ist, seine Natur,
weil er damit kann einem zeigen,
dass er ihn mag, ganz wild und stur.

Der Hund, der klagt, weil er so eigen,
weil er so meint, in seiner Spur,
wird sich vielmehr zu Bissen neigen,
da er mehr hasst, auch leider pur.

7
JAHRESZEITEN

Es wandeln sich die Jahreszeiten,
es zieht Entfaltung im Verstillen
durch jedes Jahr der irdischen Weiten,
gemäß des Gottes freiem Willen.

Es färben sich die Blätter wieder
bald grün, bald braun, bald gelb, bald rot,
es singen, bald erfüllen, die Lieder,
am Ende bleibt der eine Tod.

Es lebt schon lang das Wetterleuchten
in Zeiten jener Pole Raum;
dem Menschen manchmal ist ein Deuchten
voll Weisheit und der Liebe Flaum.

Es trägt die Liebe, wenn sie heiter
und ernst zugleich den Tag erschaut,
hinauf, entlang der Stufenleiter,
der Weisheit, die dem Sinn vertraut.

Es findet Sinn sich augenblicklich,
frei schon im Herzen einer Weise,
die schaut und lässt und auch geschicklich
das Wort ergründet, still und leise.

So findet Sinn und trägt die Liebe
durch Sturm und Drang des Lebens Weg,
doch endlich weiß er, dass sie bliebe,
denn täglich zeigt's ihm ihr Beleg.

8
SIE TRATEN INS FREIE

Sie traten ins Freie und sammelten sich
in Städten, Gemeinden und Dörfern, vor Ort,
entschärfend die Klinge, den hetzenden Stich
der Eitlen im Lande, durch Jahre hinfort.

9
ERKLÄR MIR

Erklär mir nicht den Krieg, mein Freund,
verfang dich nicht in kalter Logik
mit der dir Galle überschäumt
idiotisch und mit dreistem Trick.

Nimm wahr den Menschen, der noch träumt
von Frieden und dem frohen Kick,
der mit der Lüge jetzt aufräumt,
beweist des Lebens fein Geschick.

Erklär mir jene Liebe froh,
nach der du suchst und wohl noch strebst,
sonst brennt dein Haus bald lichterloh,
weil du nicht wirklich sinnig lebst.

Du würdest dich dem Tode weihen,
dem Ende, ohne Sinn und Herz,
vermissen würdest du Verzeihen
und auch den witzigen Freude-Scherz.

Erklär mir nicht den Krieg, du Held,
ich hörte deine Leidenswehen,
die dir die andre, böse Welt
hat früh schon für dich ausersehen.

Erklär mir also lieber Liebe,
denn darin spürt der Sinn sich tief,
und darin auch die Freude bliebe,
das Glück, das ewig uns berief.

Erklär, mein Freund, mir nicht den Krieg,
erklär mir keine wilden Sachen,
denn Frieden ist der einzige Sieg,
den kein Krieg kann je machen.

10
Von gewissen Mächtigen

Er hatte einfach nicht begriffen
und auf den Frieden schon gepfiffen,
da er den Krieg der Welt erklärte
und seinen Panzern nicht verwehrte.
Er meinte, dass, da er Atome
bereits schon spaltete, wie Clone,
er mit den Waffen und den Bomben
in seinen vollen Katakomben,
rechtens gewinne jeden Krieg.
Doch sah er nicht den einen Sieg
des Todes dabei so gewiss,
womit's ihn auf die Zunge biss:
Das ewige Drohen und Gerassel,
das ewige Drängen und Schlamassel;
er sah nicht jene Albernheit,
die stets bereitet andren Leid;
er sah nicht klar den einen Tod,
da er doch auch in jenem Boot
der Erde, die voll Bomben ist
und auch das Zögern nicht vergisst,
wenn erst die erste Bombe fiele
und dann die weitren auf die Ziele.
So sollte er's doch lieber lassen
und nicht die andren Länder hassen.

11
Die Freiheit liess sich nicht beirren

Die Freiheit ließ sich nicht beirren,
und nicht von der Gewalt einschüchtern,
da klarer konnte sie entwirren,
als jene Macht, da sie selbst nüchtern.

Die Freiheit sang von einem Frieden,
wo Macht die Furcht im Bauchraum stand;
so konnte Freiheit besser lieben,
als jene Macht des Krieges Hand.

12
Die edlen Ziele

Die edlen Ziele sind noch oft verschollen
den Menschen, die nicht suchen, wenig freuen
und zieren sich und auch dem Drang noch schmollen,
weil leider selber sie am Weg sich scheuen.

Die klugen Weisen einen Sinn zu schauen,
erträgt so mancher Mensch derweil noch nicht,
drum muss er wirklich selber sich vertrauen
und schauen der innren Weite weise Sicht.

Das andre ist noch die Vergessenheit
im Drange einer Welt den Sinn zu reichen,
und oftmals noch, getäuscht, Vermessenheit
geht über Weh und Schmerz und über Leichen.

Bewusst den Atem jedem Tag zu weihen,
die Freude des Moments mit freiem Blick,
führt mehr als Hauch darüber das Verzeihen
und jene Liebe, die sein Herz-Geschick.

Drum nähren sich die edlen, frohen Ziele
durch eine Liebe, die im Herzen wallt,
wer sie erschaut und spürt erfindet Spiele,
die Frieden küren und nicht die Kriege kalt.

Doch viel zu viele Menschen wissen nicht,
noch nicht, dass ihre Spiele Krieg bedeut',
sie sehen dieses, selbstverständlich, nicht,
da sie der Kampf und auch der Sieg noch freut.

Noch, seltne Menschen, die den Frieden lieben,
verlieben sich in eine Stille, sacht,
die jenem Wägen und Besinn' geblieben,
da ihnen so das freie Herz erwacht.

13
Der Wolf und der Frieden

Auf einer Wiese sich einst trafen
so mancher Wolf mit beigen Schafen
und, weit gefehlt, es floss kein Blut,
denn heute ist der Wolf schon gut.
Den Wolf darstellen heute Leute,
die in der Welt sich suchen Beute,
und all die Siege in den Kriegen,
weil sie nicht wissen, wie zu lieben.
Was wäre wohl die Welt in Frieden?
Was wäre wohl der Welt beschieden?
Was wäre wohl noch hier zu tun
ob all dem Urteil und dem Buhen?
Mir scheint, gelingen könnt' es schon,
dass unsere Welt gewinnt an Ton
und Lohn der Würde, die wir sind,
weil uns die Würde schon gelingt.
Nur jener Held, der bald verfrüht
und resigniert sich nicht bemüht
die Fragen seiner Welt zu stellen,
um die Erkenntnis zu erhellen,
wird glauben, dass es nicht gelingt,
dass dieses Leben besser klingt.
Doch wer bemüht sich um Vertrauen,
um jenen Sinn, der so zu schauen
und nicht mehr jammert oder klagt,
der hat bereits den Sinn gewagt.
Dann würde Wölfen nicht der Tod,
doch angenommen auch das Brot
den Tod zu nehmen, leise, weise,
da Würde dies der Zeit beweise.
Dann würden Wölfe nicht zum Feind
ernannt, weil dies ein Krieg uns meint,
doch würde Frieden mit dem Tod
der Wölfe Frieden für ein Lot,
das aufrecht wäre und gegründet

und nie mehr daher Krieg verkündet.
Unglaublich sei dies nicht zu glauben,
doch mehr sich mit dem Herz erlauben,
und nicht naiv ist dies gedacht,
mehr eine Folge, wenn erwacht.
So wacht der Mensch nur langsam auf,
dies zeigt der Wölfe Lebenslauf.

14
Wie gehen wir mit den Stacheln um

Wie gehen wir mit den Stacheln um,
die heute spitz und dreist erscheinen
und reden um den Kragen rum,
der Leute, die dann weinen –,
wenn Wähler sie, so dideldumm,
in Regierungen vereinen
und zugeschaut der Staat hat doch
gekommen sehn' nicht dieses Joch?

Wer will dann doch erscheinen
als einer, der gewähren ließ,
wie's damals Hindenburg bewies?

Sag nicht, es wären andre Zeiten,
da doch die Nachgeborenen
von jenen Geist-Verdorbenen
auch heute an sich selber leiden.

15
Nach Klarheit suchen

Wir sollten stets nach Klarheit suchen,
die Fragen stellen, frisch und frei
und manchmal auch sie offen lassen,
damit wir nicht so schnell entzweit
und andere und uns selber hassen.

16
Wo an Gewalt sie sich anlehnten

So manch Gewalt ist eitel, übel,
sie schüttet ihren dreckigen Kübel
geheim, doch auch strategisch aus,
das tut die rotzig freche Laus.

So manch Gewalt sich zeigt im Wort,
ganz deutlich und in einem fort,
wenn interviewt der Kerl, das Weib,
vom Journalisten Zeitvertreib.

Erkannt, entlarvt, doch wird sie nur,
wenn Journalisten finden Spur
und Ethik in dem eigenen Geist,
der die Gewalt der Laus beweist.

*

Erkannt, verstanden und vertraut
hat nur der Mensch, der auferbaut,
der sich entwickelt und entfaltet
und nicht in seinem Herz erkaltet.

Die Laus doch aber sich verschwor
mit andren Läusen vor dem Tor
der Freiheit und der Wahrheit, dicht,
sie üben Dunkles, sind nur Wicht.

Die Läuse sind gewiss im Hass
aus einer Zeit, da noch das Fass
dramatischer noch überlief,
wo ihnen sich der Hass herrief.

Sie konnten seitdem nicht genesen
und sich auch daher nicht belesen,
weil sie sich gar nicht interessierten
für Freiheit, die sie nicht kapierten.

Denn Freiheit übt den Frieden täglich,
greift zu Gewalt nicht, wie sie kläglich,
schaut Wahrheit an, begründet sie,
mit Herz und Seel', nicht irgendwie.

Die Läuse aber führen Krieg
und suchen täglich ihren Sieg,
die Jahre schon, in zwei Jahrzehnten,
wo an Gewalt sie sich anlehnten.

17
ICH WERDE MICH NICHT FREUEN KÖNNEN

Ich werde mich nicht freuen können,
wenn wir den Krieg gewinnen
und werd mir keine Feiern gönnen,
kein Gläschen und kein Singen.

Ich tupfe manche Tränen weg,
wenn wir den Krieg gewinnen
und bleibe doch nicht im Versteck,
denn Liebe nur zeugt Singen.

Ich schaue mir das Sterben an,
wenn wir den Krieg gewinnen
und spüre auch mein eigenes dann,
so steht und fällt das Singen.

Ich bleib neutral zum Lebenssinn,
wenn wir den Krieg gewinnen
und schaffe mir ein tieferes Kinn,
dem Sterben kann gelingen.

Ich freu mich nicht, brauche nicht Trost,
wenn wir den Krieg gewinnen
und bin nicht über ihn erbost,
denn ich bin mitten drinnen.

18
WER WEISS WANN

Wer weiß, wann es den Frieden wirklich gibt,
auf dieser Erdenwelt, schon frei erwacht,
gewiss im Augenblick recht innig liebt
den Sinn der Zeit und dieses Lebens Macht.

Er wird der Macht des Lebens Gleichmut sein,
auch seiner Pracht den Tod frei zugestehen,
denn er wird gütig und vertraut, allein,
in seiner Liebe jenen Gott ersehen,

den Gott der Zeit und dieser Ewigkeit,
die in dem Augenblick sich faltet aus.
Er wird erheilen und auch lindern Leid
in all der Ferne und auch stets zu Haus.

19
ERWACHSEN

Verändert sich der Mensch zum Frieden?
Gibt es den Fortschritt in der Zeit?
Wächst er hinauf zu einem Lieben,
das lindert stetig, heilt das Leid?

Was war gewesen schon vor tausend
der vielen Jahre seit Beginn?
Ist nun sein Haar nicht mehr zersausend,
doch mit dem Kamm des Denkens Sinn

nun eine Schönheit schon geworden
und auch ein Glanz der Wahrheit Freud?
Nun langsam deutlich wird: verborgen
die Liebe wächst hinein ins Heut!

20
WAS IST DIE FREIHEIT ALL DER GUTEN KUNST?

Was ist die Freiheit all der guten Kunst?
Wo liegt das Wahre drin in ihrer Form?
Genügt dem Geiste schon ein wenig Dunst,
um anzubiedern sich Mainstream und Norm?
Wer mag betören mich und davon schwärmen,
ich sollte mich am Worte dieser wärmen?

Ist Freiheit nicht in klarem Sinn zu finden?
Wenn kluger Geist sich äußert und bespricht?
Will Kunst nicht auch sich selber frei entbinden?
Mit Licht, der Sicht, mit bei Bedarf: Gewicht?
Die Kunst bedarf das Licht, um zu erleuchten
und trockne Herzen, Seelen zu befeuchten.

Die Kunst bedarf sich selbst, in wahrer Weise
mit einem Klang des Sinns der Liebe Weh,
die Kunst verwahrt sich hier noch allzu leise,
da ihr die Liebe meist im Geist nur steh'.
Doch Kunst hat Herz und braucht es tief vertraut,
damit die Welt der Welten sich auch auferbaut.

21
KUNST UND DIE WAHRHEIT

Wir können kaum streben nach Sinn und gutem Vertrauen,
das uns tief berührt und erfüllt mit Wahrem zu leben
und weiter zu gehen und auch die Pausen zu schauen,
wenn Zweifel wir nicht oder kaum uns belichten,
den Drang nach Erkenntnis im Geist unterdrücken
und auf all das Schöne von Kunst nur verzichten.
So sei auch der Kunst eine Wahrheit gestanden,
denn sonst wär' die Schönheit ihr auch schon abhanden.

22
Auf dem Weg zur Stille

O arme Welt, du voller Leid und Agonie,
irrst noch herum im Alle der Unendlichkeit.

Du chancenreiche Weltenkunst, hörst niemand zu,
nicht andren und nicht dir allein, wo bist du nur?

O taube Welt, du voller Lärm und Lebensweh,
kommst atmend nicht zum Grunde deines Lebens Glück.

Du hoffnungsvoller Erdentrost, der zweifelt noch,
was soll aus dir geworden sein, da du nicht lernst?

*

O feine Welt, nimm dich in acht vor jenen dort,
die irrig reden mit dem Wort von eitlen Dingen.

O kluge Welt, stell Fragen weiter, tiefer uns,
da ohne Antwort auf das Neue nur die Tode folgen.

O freie Welt, besprich mit allen jene Rätsel,
die immer wieder neu uns wundern, staunen lassen.

O liebe Welt, ergründe diesen Augenblick,
um Liebe für die Welten, sprachlich auch zu fassen.

O Friedenswelt, werd' glücklich du vollkommen,
lass Unvollkommnes nicht noch täuschen deinen Geist.

O Weltenwind, verwinde deinen Gram und Schmerz,
gewahre jenen Traum in dir, der Stille ist und Sinn.

O wahre Welt, bewahre vor der Torheit dich,
nimm an die Stille frei, in deiner Seele Herz.

O stille Welt, erweitere dich unendlich weit,
wo Sinn erwartet dich beim Atmen freien Raums.

23
Die Lerche

Wo führt der Weg hin all der feinen Emotionen?
Wann wird die Lerche mit dem eigenen Lied beginnen?
Wer wird das Herz ihr mit dem Frieden frei belohnen
und daher zu ihm finden und dabei auch gewinnen?

Wo ist der Augenblick im Atmen ihres Duft?
Wann ist der Flug der Lerche in der Welt gesehen?
Wer wird die Freiheit finden in der hohen Luft
und daher aufrecht gehen und sinnig dies verstehen?

Flieg höher, du, zu deinem Raum der freien Räume,
folg' nicht dem Drang die Freiheit eitel zu verknebeln,
hör' hin und auf den klaren Sinn der tiefen Träume,
die dich befreien zu dir und niemanden benebeln.

Dann wird es werden dir, dein Leben und das Glück,
all die Erkenntnis eines Sinns, der dich erfüllt,
du wirst getragen sein und tragen auch das Stück,
das dir dein Leben heißt, von Frieden frei umhüllt.

24
Sie gingen wieder auf Strassen und die Plätze

Sie gingen wieder heut auf Straßen und die Plätze,
getragen von Gewissen im Anblick unserer Zeit
und traten näher ran an jene Freiheit Schätze,
wo Frieden aus dem Volk und Bürger trägt die Welt.

Sie hatten klar im Blick den Drang der eitlen Hetze
von jenen Irrenden am Tag der Unruhen Nacht,
da sie nun deutlich sah'n, wie jene ihre Netze
auswarfen, um zu fangen die bürgerliche Macht.

Es war so wunderbar die Wahrheit zu erblicken,
obwohl ein weiter Weg noch lag voraus, bestimmt,
denn sollten Mühen und Gedeihen nicht einknicken,
doch wieder werden klar, was guten Welten singt.

25
Joshua

So mancher meinte offen und auch frei zu sein,
er duldete fast jeden, tolerierte die Gewalt.

Er meinte, die Gewalt sei weder gut noch schlecht,
sie presse auch im Guten in gewollte Form.

Er meinte, dass Gewalt auch die Natur bestimmt
und daher auch der Mensch natürlich sie ergreife.

*

Ich meinte: „Freund, du hast noch nicht begriffen,
wie dich, durch die Gewalt, ein irrer Geist verkrümmt.

Und dich vermeinen lässt, Gewalt sei doch auch gut,
da du noch nicht zum Ausdruck bringst, wie schlecht sie ist.

Denn manche Menschen suchen mit Gewalt derweil
die Macht, die unterdrückt und nicht befreit und liebt.

Denn nur recht ohne sie, kann Frieden sein, der liebt
und würdigt dich mit deinem schönen Wesensgrund."

*

Dass er nicht unterschied in gute und in böse,
verblendet ließ ihn ärgern, weil er sie nicht verstand.

Er nicht begriff und blieb in seinem irrigen Land,
beschuldigend den Sinn, der von der Wahrheit sprach.

26
Füllig und masslos

Kommt ein Mensch nah, den Geschmack der Macht zu verkosten,
füllig und maßlos er wird, wenn er meint, sie diene nur ihm.

27
LEUCHTEN

Wer strebt durch all die Welten, leuchtet
mit Lächeln all der Weisheit zu? –
Wer webt entlang der Fragen, feuchtet
mit Tränen seiner Liebe Ruh? –
Und weiß, dass manchmal ihm schon deuchtet:
sein Herz find't frei sich schon im Nu?

28
VEREITELTE KONSTRUKTIVITÄT

Schau an, mein Freund, wie sie gerät
die deine Konstruktivität,
wenn du die Sache willst beschauen
und andere nicht der Sache trauen.
Dann werden sie die Wahrheit meiden
und sich von einer Ratio scheiden,
sodass sie Frust und Ärger zeigen
mit denen sie dir unreif geigen,
was Wahrheit sei, was echte Quellen,
wenn sie persönlich werden schnellen
den Vorwurf, weil sie es schon glauben,
dass du sie wolltest hier berauben.
Und sehen nicht, dass sie es schon
geworden sind durch eigenen Hohn. –
Sie haben sich nicht ausgebildet,
sich durch ihr Wissen eingebildet,
verbildet Ego aufpoliert,
sodass sie's doch noch nicht kapiert.

29
TÄUSCHUNG UND WAHRHEIT

Täuschung ist weit schon gestreut in der Welt eines
    denkenden Geists,
wenn die Meinung kursiert: wär sie nicht Täuschung,
    wär sie nicht Wahrheit.

30
Springende Frösche

Du musst, mein Freund, den Krieg zutiefst verachten,
recht wissen, was der Frieden wirklich ist,
du solltest doch, ob manch Angriffs, dabei achten
auf jene Schlichen jeden Krieges feister List.

Du musst, mein Freund, die Lügen von ihm schauen,
des Krieges Drang die Wahrheit zu verdrehen,
du solltest jenen Welten wirklich dann misstrauen,
wenn sie dich rufen, einen Frieden nicht zu sehen.

Du musst, mein Freund, des Krieges Feuer löschen
und es nicht schüren durch die Furcht vorm Tod,
im Frieden gleichst du nicht den stetig heiß'ren Fröschen,
die nicht erkennen jeden Krieges leise Not.

Du musst heraus, mein Freund, aus jenem Topf,
der dich allmählich wohl zum Kochen bringt,
du solltest einen dich mit deinem Herz und Kopf,
damit dir Frieden bis zu deinem Tod gelingt.

Sie sagen dir, der Feind, er schände viele Kinder,
er schände Frauen, töte unsere gute Welt;
sie sagen dir, der Feind, er sei die Schuld am Zünder
des Krieges Tod, der allen nicht gefällt.

Du musst dir klarer werden, ob andere du willst töten,
weil sie auch jenen doch dasselbe so erzählen
und daher unversöhnlich nicht davor erröten,
wie sie den Hass gebären und den Krieg sich wählen.

Sie sagen dir, der Frieden sei verteidigt
und daher müssten sie die jüngsten dort hin schicken;
doch haben sie die Würde dabei doch beleidigt
und zeigen, dass sie gern am Zünder stricken.

Denn was sie tun, schon vor des Krieges Zeit,
ist selbst für einen Krieg geheim zu rüsten,

weil sie in Furcht geboren leben und in Leid
und irrig meinen nur, dass sie ihn haben müssten.

31
Schau an

Schau an, die Welt, des Menschen Geist,
steht lange schon im Krieg der Zeit
zu leben, denn sein Kampf beweist:
Ihm ist im Leben zu viel Leid.

Schau hin, der Mensch, der Wahrheit Sinn
er kaum ergründet, um zu sein,
doch nimmt er gerne den Gewinn,
wenn einer Lüge folgt der Schein.

Schau auf, gen Trost, zum Welten Wohl,
wenn Leid bereitet uns den Gram,
der Mensch, die Welt, sind manchmal hohl,
da sie nicht spüren Schand' und Scham.

32
Trauen

Mag trauen sich der Mensch den Weg zu gehen,
der ihn zu seinem eigenen Sinn wohl-füllt,
getragen von dem Wort, das wird verstehen
die Zeit, die Kósmos gleich, in ihn gehüllt.

Wann wird er trauen sich? Wann geht er froh?
Wo wird er finden sich trotz Lebensleid?
Wenn du das bist, dann brenne lichterloh
für jene Liebe, die scheint ewig weit.

Denn brennst du nicht für Liebe, die uns ist,
wird passiv sein dein Kampf für gute Welt,
durch Trauer überwältigt und vermisst
stets dich, allein, der du doch bist ihr Held.

33
SCHANDE

Die Schande teilt das ganze Land,
all die Vernunft, die schaut, versteht;
wer gibt dem Sonneberg die Hand,
der in den braunen Abgrund weht
was Sinn ist und was Anstand meint;
die Sonne bräunt, der Tod vereint.
Der Frust zeigt nie den guten Rat,
da kopflos folgt ungute Tat.

34
AM TAGE ALS DIE SONNE BRANNTE

Am Tage als die Sonne brannte
da wurd' die Welt ein wenig brauner,
da sie noch nicht sich selber kannte
fand man in ihnen schon die Gauner. –
Der Sonneberg zeigt Sonnengötter,
die kalten, zynischen Verspötter.

35
WER SCHAUT DEN FRIEDEN

Wer schaut den Frieden in dem Sinn,
dass er die Freiheit hat zu sein
auf gutem Weg, der sieht Ich-Bin
kein Flüchtender und nicht allein? –
Die Flucht vor Frieden ist Gewalt
und schon dem Menschen allzu alt.

36
EISIGE HUNDE

Kaltes wird dem Eis warm erscheinen, wenn es ihm läuft;
laufen die Hunde auf Eis, wird aber ihr Fell bald recht nass.
Denn die Hetze der Hunde, sorgt für das Schmelzen des Grunds.

37
Wo uns ein Frieden eint

Wo uns ein Frieden eint, der Wort und Schweigen kennt,
wird bald die Tat des Unheils keine Macht mehr finden;
da so sich Freiheit nicht als eine trübe nennt,
wird jede Wahrheit sich nicht mehr vor Lüge winden
und keine Furcht mehr zeigen vor den Hetzenden.

38
Nicht recht sachlich

Was sagt ein Mensch zu all der Zeiten Worte Sinn,
die nicht recht sachlich sind und unklug schuldig fühlen
sich an dem Missverstehen ob irrigen Wissens Drang
und noch nicht Schweigen können, weil sie reden feist,
da doch ihr Irrtum schreit uns die Gewalt herbei?

39
Find' zu der Liebe hin

Find' zu der Liebe hin, die manche der Gesellen
sich zynisch ausradieren, da sie das Wort verschmähen,
das auf den Sinn der Zeit und jene edlen Wellen
der Freiheit Meere schaut –, da du wirst so verstehen
mit einer Freude dir, die nicht nur dir wird sein.

40
Was wird aus jenen

Was wird aus jenen, die nicht recht den Sinn verstehen
und denen das Licht der Freiheit geht noch nicht auf?
Wo finden wir die Zeit uns Frieden anzusehen
und auch den stillen Traum all jener Zeiten Lauf,
mit unserem Drang nach Luft sie frei auch zu bestehen?

41
SAG FROH, DU FREIHEIT

Sag froh, du Freiheit, was wir sollen,
was uns im Geiste frei befreit
und schaue auch der Welten schmollen
der Wahrheit, die uns alle weiht –
Denn wenn, du Freiheit, dich hier zierst,
du diese Welt gewiss verlierst.

42
WER EINT SICH NOCH

Wer eint sich noch und traut mit Mut
dem Menschen zu den frohen Frieden?
Wer weint und schämt sich ob der Glut
des Mangels an dem guten Lieben? –
Komm frei, du guter Freund der Zeit:
Es ist der Augenblick nicht weit.

43
SELBSTGEFÄLLIGES BEREDEN

Selbstgefälliges Bereden
könnten diese Verse sein,
sie nicht nach der Wahrheit streben,
wenn nicht nach dem sinnigen Sein.
Will der Mensch die Wahrheit finden,
muss er sich ent-irren, entbinden,
muss er wohl die Welt besehen,
seinen Groll am Krieg verstehen,
da er sonst nicht würd begreifen,
wie zu leben und zu reifen,
wie zu finden seinen Frieden,
seine Freiheit und das Lieben.

44
Wer einen Schmerz noch in sich hat vergraben

Wer einen Schmerz noch in sich hat vergraben,
wählt garstige Worte hin zur üblen Tat,
er wird auf Atem nicht und Liebe warten,
da ihm die Furcht der Zeit im Geiste naht
und er dem Augenblick nicht tief vertraut,
da er der Liebe Sinn im Herz nicht schaut.

So finde du, im Lebensschmerz befreit,
dich selbst im Atem wohl und sinn-vertraut,
lass ruhen deine Furcht, da sonst die Zeit
würd' eng und klein und auch nur schwer verdaut.
Grab aus das Leben, das noch ungelebt,
zeig, wie dein Sinn den Tag, die Nacht bewegt.

45
Du zeuge die Flamme

Du zeuge die Flamme der kósmischen Welt,
trau mutig dich auf jenen Weg,
wo jeder ist frei und wird freier als Held,
auf dem schmalen Grade des Stegs,
wo der Anfang ist grob, doch unbewusst,
und die Halbzeit bringt Feuer und Schein,
am Ende dann wieder, die größere Lust,
mit dem Tanz am buchenden Hain.

46
Vom Schreiben

Schreiben habe ich begonnen, recht spät zunächst,
    mit vierundzwanzig,
sage ich dir scherzhaft, um dir klar zu machen, dass entscheidet,
wie du Talent entwickelst, wenn nicht aufgibst du, recht ranzig
und du aus freien Stücken dir entfaltest, was dich tief leitet.

47
Am Morgen schreibe ich

Am Morgen schreibe ich ein Lied
für dich, die mir im Herzen blieb,
obwohl du dich von meinen Sternen
suchst dich auch gerne zu entfernen.
Ich sage frei: Ich liebe dich
und hoffe für uns, du auch mich.

48
Ich habe heute

Ich habe heute gut geschlafen
und träumte, dass auch du den Hafen
des Glückes fandst, den frohen Sinn
der Liebe daher, mit Gewinn.

Ich habe heute dich gespürt,
wie dich ein Sinn des Daseins kürt,
doch sah ich auch, es fällt dir schwer
mit mir und auch ich weiß woher.

Ich habe heute nachgedacht
und ja, ich hab mir klar gemacht,
dass ich, obwohl du mit mir ringst,
du dennoch auch noch mit mir singst.

Ich habe heute so erkannt,
was Liebe jedem Sinn verlangt,
dass ich und du, wir sollten bleiben,
um weitere Seiten so zu schreiben.

49
Lesen und Schreiben

Lesen und Schreiben, allein, kann schon recht viel bewirken,
dauerhaft Freude an Worten der Freunde der Welten auf Erden,
wird zum Denker dich zeugen und Dichter der gütigen Zeit.

50
Sie klagten nur

Sie klagten ob der rechten Zeiten,
sie klagten ob der Politik,
sie konnten nicht Faschisten leiden,
doch machten sie bei gar nichts mit.

Sie trafen sich zum Kaffeekränzchen
und schwätzten über Politik;
doch diese machte krass ihr Tänzchen
des ungemütlichen Geschick.

Sie klagten und sie taten nichts,
das von Verstehen würde zeugen;
sie sahen nicht den Sinn des Lichts
der Dunklen, die uns wollen beugen.

Wie werden sie ins Schweigen gehen
und nimmer mehr ihr Schwätzchen halten,
wenn all die Rechten sind zu sehen
und an der Macht sie uns dann walten?

So klagten sie recht selbstgefällig
und ohne echte Konsequenz;
am Ende dann sie wurde fällig,
die Macht faschistischer Kadenz.

Wer nur beklagt den Status Quo,
den wird der Status Quo besiegen
am Tag und in den Welten so,
durch Infektion mit all den Dieben.

51
Traut sich der Mensch

Traut sich der Mensch die lautstarken Diebe zu stellen,
wird er nicht scheuen Verbrechen Verbrechen zu nennen
und ersuchen den Sinn von Vertrauen in Fakten zu wählen.

52
Herzbezeugen

Am heutigen, guten, schönen Tag,
sag ich dir froh, dass ich dich mag,
denn ohne solches Herzbezeugen
das Leben würde sich vergeuden.

53
Jene Nachgeborenen

Das was noch nachgeboren zu den Disteln zählt
und nicht als Rose blüht und duftet wunderbar,
kann Rosen nicht schon frei erkennen, und erwählt
den, der als Distel nur die Vase ziert, als Narr.

54
Wenn Leben endet

Wenn Leben uns, als Mensch, in Frieden endet,
ohn Agonie und Furcht und zu viel Weh,
das Leben, das noch bleibt, uns Liebe sendet,
den Mut, dass ich dies Leben doch versteh',
weil uns im Leben Frieden trug zum Ende,
da sich erfüllt die Zeit, die Mich dann fände
hinauf zum Ewigen zu, wo Ich dann geh'.

55
Gelingt der Wahrheit Sinn

Gelingt der Wahrheit Sinn zu spenden
und das Vertrauen herzustellen,
wenn Nörgler, Hetzer, Lügner senden
sich selber öffentlich in Wellen?

Zuweilen ja, zuweilen Nein,
doch Fragen sind entscheidend
und nicht die Antworten allein,
die meist von denen sind verneinend.

56
Marcellus' Garten

Komm heute in Marcellus' Garten mit ein Stück
und trag den Duft der Blüten deinen Farben heim.
Lies du den Frieden jenes Grün und Bunt zum Glück,
erfahrend wohl, dass du so dienst dem Sein allein.

Was wär dein Sinn in dem Idyll der Zeiten Wohl,
wo du die Welt erfährst als deine eigene Haut?
Wo atmest du den Trunk schon jener Liebe Pol,
der dich anzieht zu sich, da er sich dir vertraut?

Suchst du die Antwort noch auf jene Fragen dir,
so find' den Garten stets in all dem Augenblick,
der dich zu uns hin führt, zu jenem edlen Wir,
das dich schon immer liebt seit der Geburt Geschick.

Der Garten des Marcellus ist ein Od der Zeit,
die durch den Kosmos wandelte sich stets entlang
der Seele Wohl, wenn du bewältigst auch dein Leid,
denn ohne dies wird dir die Liebe nicht Gesang.

Find' Glück im stillen Blubber hin zu jenem Teich,
wo grüner Sinn liegt voller Wasserruh' vereint,
wie ewiger Tod dahin, doch so lebendig reich,
dass jene Liebe dich mit ihrem Herzen meint.

—

Doch schaue klar und spüre fein den Schmutz darin,
im kalten Kopf der eitlen Wissenszunft auch heut',
wo keiner sucht und fragt und hört den edlen Sinn,
der mir stets ist, da doch der Augenblick ist Freud'.

57
Die Gartenarbeit

Gartenarbeit wird, getarnt, nicht täuschen den Weisen
ob der Schnodderigkeit der Pflege des klagenden Gärtners.

58
SIE LÄCHELN

Sie lächeln und sie reden schlecht
von Menschen, Welt und Politik,
sie fühlen sich verirrt im Recht
und meinen, das sei nur ein Trick
der Welt, die sie ums Recht betrüge,
des Menschen, dem sie nicht vertrauen,
der mit der Wahrheit sie belüge,
doch das ist, was sie noch nicht schauen.

Sie reden ruhig und beschmutzen
den Menschen, Welt und Politik,
und werden dann auch nicht verdutzen,
wenn einer meint, sie seien sick,
da sie das Dunkle hell sich reden,
da sie das Helle uns verwirren,
da sie nicht freuen sich am Leben
und mit den Worten eisig klirren.

Sie fühlen sich von allem betrogen,
den Menschen, Welt und Politik,
doch haben sie mehr sich belogen
an der Geschichte Lug-Geschick,
das sie verworren nicht durchschauen
und selbst ihr Opfer wieder sind,
weil sie sich selbst noch nicht vertrauen,
sind sie des Übels erstes Kind.

Sie meinen, eher seien's andre,
die Menschen, Welt und Politik,
kein Freund des Lebens mit hier wandre,
denn tragen sie den trüben Blick
vor sich noch her und hauen drauf,
verschaffen sie dem Groll die Luft,
das ist gewiss ihr geistiger Lauf,
das ist gewiss ihr schmutziger Duft.

Begegnest du im Leben solchen,

gib acht, da sie dir nicht vertrauen,
sie hören zu den eitlen Strolchen,
den Hetzern, die sie noch nicht schauen.
So gib gut acht und bleibe stark,
nicht lasse dir die Stimmung trüben
von jenen, die stets reden Quark
und nicht erkennen, dass sie lügen.

Und wenn du findest durch sie Wunden,
dann atme gut und heile sie,
erzeuge durch dein Herz Bekunden
an Wahrheit, Weisheit, wieder, wie
die Heiligen, die zeitlos Weisen,
die Klugen und die Menschenfreunde,
sprich offen, frei, doch manchmal leise,
damit dich Liebe nicht versäume.

Doch jene andern, die gern baffen
und die Aufrichtigkeit nicht spüren,
sind jene, die sich Worte raffen
und recht verdorben dich verführen,
wenn sie schlecht reden von der Welt,
den Menschen und auch bald von dir,
dann sei recht mutig und der Held,
der heut' einsteht für's gute Wir.

Denn deren Denken wird beschmutzen,
und du sollst deren Lappen sein,
der ihren Dreck soll weg hier putzen,
und sie dich lassen hier allein;
sie werden ihren Dreck andichten
dem Mensch, der Welt, der Politik,
und später dann auch dich hinrichten.
Erschaue daher ihren Trick,
der psychisch in die Ecke drängt
und lügend sich so selbst erhängt.

59
Der Unterschied

Es ist ein Unterschied zu finden
von der Kritik zu dem schlecht Reden,
denn ersteres sucht nicht zu binden,
doch das Vertrauen, gemeinsam leben –
denn wer schlecht redet, will vernichten
und nicht auf die Gewalt verzichten,
das wird sich zeigen, zeigte sich
auf Wegen zu der Kriege Stich.

Verstehen was sie unterscheidet,
die gute Kritik und jenes Reden,
das ist, was jenes Reden meidet,
denn sie beschuldigt mehr ein jeden;
nur jene nicht, die selbst so reden,
die selbst im Dunklen Nebel wandern
und die mit Schuld für jene andern
im Stich des Hasses sich bestreben.

Es ist ein Unterschied zu sehen,
wenn jemand mit dem guten Herzen
die Sache wägt und wird verstehen,
was andere dazu treibt beim Scherzen,
wenn zynisch andre Menschen leiden
und sie verächtlich werden sollen,
weil jene Schlechten leidlich grollen
und Anstand auch im Geiste meiden.

60
Zum Unterschied gesellt sich zu

Zum Unterschied gesellt sich Gleichheit zu,
da gleich wir sind in der Verschiedenheit.
Denn nur das eine oder andere gibt nie Ruh,
da es noch leidet dran, was ein gemiedenes Leid
und was das Absolute ihm noch närrisch meint,
weil ihm das eine nur vor jenem andren scheint.

61
DER TRÄNEN QUELLE

Was ist am Grund im freien Schweigen?
Was wird der Tränen Quelle sein?
Es ist der Mund, der sich will neigen
zu jenem Salz der Stille fein
und der im Worte es wird zeigen,
was uns ist allen oft ein Leiden
am Tage noch, daheim, allein.

62
WAS SACHE IST

Das Klagen nützt dem Menschen wenig,
durch Fatzkes nicht, durch eitlen König,
wenn er die Sache noch zerredet
und nicht das eigene Unkraut jätet.
Der wahre König nutzt nicht Gift,
doch Sinn, der zeigt, was Sache ist.

63
SCHLAFTRUNKEN

Muss heute früher Mal ins Bett doch gehen,
schlaf-vermindert weht die Brust mir schon
selige Tiefen von des Tages Sinn-Verstehen,
klar geworden frisch des Kósmos Ton. –
Übersetzen meines Erstlingswerk
doch ist nicht Monster oder großer Berg,
da schon jeder Tote der Vergangenheit
Zeit bewirkte, die sich stets befreit.

64
HERBERT

Herbert hatte, schon vor Jahren, klar gesungen:
„Es gibt genug Ruhe nach dem Tod", aus seinen Lungen,
da doch die Freiheit singt, wenn dir dein Leben stimmt.

65
SEELENHYGIENE

Wer es wagt, auch heute noch,
Wahrheit zu benennen doch,
wird verwechselt bald zuweileh,
weil mit Unwahrheit sie eilen
und so tun, als ob sie wüssten,
wie die Wahrheit Menschen küssten,
denen sie sich selbst zuzählen,
da sie doch sich Worte wählen.

Nur das Wort, das sollst du wissen,
zeugt noch nicht der Wahrheit Wissen.
Worte täuschen bald die Menschen,
die in Kriegen eifrig kämpfen,
weil sie nicht die Wahrheit suchend
schimpfend mehr der Wahrheit fluchend
Hass aufs Leben und die andern
tief verspürt und schmutzig wandern.

Wer nicht putzt die eigene Seele,
sich bald mehr Gewalt erwähle,
da er doch mit dem Interesse
putzt zu gern der andern Fresse.
Daher muss die Seele putzen,
wer nicht will der Welt verdutzen
und erschaudern vor den Lügen,
die solch schmutzige Seelen üben.

66
REFLEKTIEREN

Die heutigen Dreisten und ewigen Dreisten,
sie wollen nicht reflektieren,
sie können's auch nicht, da sie sich leisten
die Fakten nicht zu kapieren,
um damit dem Volke, den so aller meisten,
die Lüge zu infiltrieren.

67
ÜBER GRENZEN

Grenzt der Mensch die Themen ein,
grenzt der Mensch sich aus den Wein.

Wo sich zeigt der Grenze Saft,
braucht der Mensch die große Kraft.

Gelangt ein Mensch nie an die Grenze,
kennt er nicht der Grenzen Tänze.

Will die Tänze er nicht tanzen,
stechen rasch ihn bald die Lanzen.

Grenzt der Mensch an seinen Sinn
spürt er dies durch Reingewinn.

Da er schenkt den Sinn sich ein
ist sein Herz auch ganz allein.

Da die Welt von tiefem Geist,
nun die Grenze klug beweist.

Jene Grenze, die heißt Tod,
ist das letzte Abendrot.

Wohl im Sterben bald zerfällt
jener Grenzen Egowelt.

Keinem je gefällt das Sterben,
darum will er sich vererben.

So er grenzt sich ab und meint:
das da drüben ist der Feind.

Kluge wissen, Grenzen einen,
wenn an ihnen wir nicht weinen.

Denn die Grenze schützt und regelt:
ohne eine mancher flegelt.

68
Den kühlen Helden verirrter Zeit

Wohlan ihr kalten Helden heutiger Tage,
worin nur findet ihr der Wahrheit Grund?
Schaut hin auf jene alte, gestrige Plage,
bewahrt und schließt recht achtsam euren Mund.

Ihr glaubt, ihr hättet nichts zu lernen
aus der Geschichte jener dunklen Zeit,
doch zeigt ihr auch von euch ein krass Entfernen
und so ein Hadern, Grollen und ein Leid.

Geht auf die Couch der Selbsterforschung doch
und wägt Geschichte, Zeit, unlauteren Geist,
der durch euch wirkt und stülpt den Menschen Joch,
Unfreiheit, Krampf, Unsinn, was Krieg beweist.

Ihr seid im Kriege mit dem eigenen Sinn
und schaut nicht wirklich recht die frohe Welt,
ihr redet schlecht und wagt das eitle Kinn
des dunklen Grolls und Hasses, der gefällt.

Ihr winkt hier ab und meint, ihr hättet Recht,
doch täuscht ihr euch genau und so präzis,
da ihr nicht schaut den Sinn der Wahrheit echt
und hetzt voll Schuld, was euer Wort bewies.

Täuscht nicht mehr lange euch, sonst ihr verliert
euch völlig aus dem Blick des Menschen Sinn,
ihr hättet bis zum Schluss es nicht kapiert,
dass großer Mund noch nicht beweist Gewinn.

Kommt doch zur Ruhe, ihr, ihr eilt zu schnell
an euch vorbei und so verliert den Sinn,
der nur im Frieden für uns alle hell
verspürt in jener Seele Trost Ich-Bin.

Untröstlich aber ihr seit langem schon,
da ihr durch eure Zeiten kamt zu nichts,

was Wesen find't und was das Recht im Ton,
so fandet ihr des großen Mund Gerichts.

Lasst locker doch und sucht der Couch Vertrauen,
entspannt euch endlich in den Sinn hinein,
entlasst den Groll, Unsinn und das Misstrauen,
damit zufrieden werdet ihr daheim.

69
Wer legt einen Wert auf Wahrheit und Stil

Wer legt einen Wert auf Wahrheit und Stil,
auf klares Betrachten von Fragen und Sinn?
Wem zeigt sich das Fragen als Einladungsspiel,
als Freundschaftsgelingen schon zu Beginn?

Ihm wird wohl klar sein das aufrechte Ringen
um Recht und Gerechtes, um Freiheit und Wert;
der Mensch wird sich suchen stets neues Besingen
des Menschseins, das sich im Vertrauen bewährt.

Die Zukunft wird sein, wie das Heute es will
und kann und betrachtet, mit freiem Gemüt;
frei wird sie sein, jene Welt ohne Drill –
der Zeit wird Vertrauen, wenn es heute schon blüht.

70
Treu sei der Mensch

Treu sei der Mensch den besseren Welten,
die bewähren sich wohl durch die Zeit des Vertrauen.
Opposition ist nicht einfach ein Schelten,
Klagen nicht und nicht ein hartes Zuhauen.

Sachlichkeit übt nur, wer klarer kann denken,
größere Kraft hat für stilleres Wissen.
Wem dies noch mangelt, der soll nicht ablenken,
üben sich vielmehr mit wahreren Bissen.

71
KOLLEGEN-LIMERICK

Da waren Kollegen, die fuhren zusammen,
da sie derselben Abteilung entstammen,
mehrmals mit dem Bus,
weil jeder das muss,
und sprachen bis sie das Verständnis gewannen.

Der eine war Arzt und schlief nur vier Stunden,
war fleißig und klug und konnte bekunden:
„AI ist sehr hilfreich,
die Antwort sich find' gleich,
für passende Pflaster zum Verbinden der Wunden."

Der andere war kein Arzt und wachte am Abend
auch länger als sonst, da er oft noch betragend
Gedichte, wie dieses
bald schrieb und bewies es:
es schafft der Mensch das Neue froh wagend.

So fuhren die beiden und sprachen gepflegt
von Leidenschaft, Sinn, wie Geist auch bewegt
die Themen, Interessen,
von jenem Fein-Essen,
wenn Nahrung im Munde beim Sprechen entsteht.

Sie wussten es war eine Freude am Leben,
am Suchen und Finden von Kieseln eben,
die schön sie ersahen
sich ihnen zu nahen
und anderen auch Wissen darüber zu geben.

So wurde es Nacht und sie forschten und schrieben,
da ihnen auch war darin auch ein Lieben
des Augenblicks Kraft
des stimmigen Saft,
wenn andere sich schläfrig die Augen schon rieben.

Und wenn sie dann schliefen, getrennt und zu Hause,

verdient jenen Tiefschlaf der göttlichen Pause,
vereint mit der Stille
des Göttlichen Wille,
dann freuen sie sich schon auf weitere Schmause.

72
ZUFALL ODER EINFALL?

Sind Zufall wir im weiten All,
des Lebens nach dem Ursprungsknall?

Doch Einfall mehr des Schöpfers Sinn,
der uns schenkt Leben, Herzgewinn?

Beliebig wir geworden nun
zum Menschen, der sucht sich zu tun?

Doch nur gewollt und absichtsvoll
erkennend, was dies alles soll?

Manch Antwort, leider, bleibt nur stehen
und wird im Augenblick nicht gehen.

73
SIE GEHEN NUN ZU TAUSENDEN

Sie gehen nun zu Tausenden
entgegen den Aufbrausenden,
da die erkannt nun dabei sind
durch ihres Geistes Übel Kind.

Zehntausende, ja Hunderttausend,
ja gar Millionen brausen nicht;
doch Braune, die den Geist verlausend,
mit Gift verdorben haben schlicht.

So gehen sie jetzt friedlich, singend
und halten sinnige Sprüche hoch
und werden, in Gedichten, schwingend,
abwerfen, endlich, dieses Joch.

74
Die Denkenden

Die guten Menschen denken gut.
Die schlechten Menschen denken schlecht.
Die Mörder-Menschen denken Blut.
Die weisen Menschen denken echt.

Die freien Menschen denken frei,
wie Unfreiheit befreit bald sei.
Die nicht so freien Menschen glauben,
dass andere ihren Sinn berauben.

Die sinnigen Menschen sinnig denken.
Die weniger Sinnigen denken krumm.
Die großen Menschen werden schenken
der Menschheit Wissen und den Mumm.

Die feinen Menschen denken fein
nicht nur an feine Essgerichte.
Die groben Menschen grob allein
bedenken nicht des Mensch Geschichte.

Die klugen Menschen denken klug
an dich und mich und all den Frieden.
Der Unersättlichen Betrug
denkt, weil sie große Zahlen lieben.

Die lieben Menschen denken brav,
vielleicht, weil sie sich nicht getrauen.
Der aggressive Mensch im Schaf
wird immer nach Verneinung schauen.

Die kleinen Menschen denken klein,
sie können nicht alleine sein.
Das Mitgefühl der Menschen denkt,
wie sich die Liebe auf uns senkt.

75
DIE FRATZE KRIEG

Die Fratze Krieg erpresst den Sinn
des Friedens, den die Menschen wollen.
Der eine will stets den Gewinn
und spricht recht eitel, was sie sollen.

Sie sollen dienen, seiner Nase,
sie sollen horchen, was er meint.
Doch ist des Herrschers Geist die Blase
der Unvernunft, die Bomben leimt.

Sie drohen mit dem größten Tod
der Bomben aus der Einstein-Welt.
Wenn dies gelänge dem Idiot,
dann wäre er der letzte Held.

Die Logik solchen Waffenrasselns
verspielt den Anstand und Respekt.
Sie haben es vom Jugend-Quasseln,
dort haben sie den Geist verdreckt.

Und nun, erwachsen, wie man meint,
hat er die Macht zum letzten Ende.
Zur Jugend schon der Abschaum keimt
den ewigen Tod in seine Hände.

So lehrt, ihr Freunde, Jugend offen,
recht frei und gütig, liebend, leicht,
sonst wird die Jugend nicht betroffen,
wenn Frieden noch dem Kriege gleicht.

76
FRIEDE SEI ALLEN

Friede sei allen im Leben zu geben, getragen von freieren Wegen,
da nur in dem Frieden ist Lieben und jenes recht innige Streben,
das wiederum sich und nur sich in die Seele erblühend einfüllt.

77
Wo wandelt Frieden

Wo wandelt Frieden noch in heutiger Welt,
wenn Mächtige viel zu lange Macht erhielten
und nicht den Ruhestand, ob des verdienten Dienstes,
auf sich schon nähmen und daheim die Rosen gießen?

Wann wird der Mensch Gerechtigkeit erlangen
in seiner Welt der Glückes, das allein
durch einen Frieden zu ihm findet wirklich tief,
da es sein Sehnen ist, das ihn dabei erblüht?

Wie viel wird er verzichten dabei noch,
doch auf den Kampf noch nicht des „Schnitzels" Willen,
weil er Diäten greift und nur sich selber dient,
anstatt der Wahrheit gar, mit dem Respekt der Zeit?

Oh du, gut Freund dem Menschen jeder Zeit,
wann wirst du kämpfen müssen jenen Kampf,
den du nicht kämpfen willst, ob jener eitlen Träumer,
die lügenklagend täuschen arme Herren dann?

Wirst du Gesang studieren, wie sie es studiert,
ob ihrer Klagen und des Jammerns frecher Stimm',
da du dem monotonen Trommeln trotziger Worte
erliegen könntest auf dem Weg zur mächtigen Wahl?

Setz bitte doch dein Kreuz nicht für die frechen Kleinen,
die protestieren nur und ohne Basis sind,
weil sie Gedankenmöglichkeiten denken nur
und nicht die Menschlichkeit der liebenden Vernunft.

78
Wandle den Frieden nicht um

Wandle den Frieden nicht um, in Ärger, Krieg und Misstrauen,
denn du willst diese drei nicht wirklich dabei,
denn dein Körper-Geist will keinen Schrei
auf dem Weg durch das Leben, um selber ihm echt zu vertrauen.

79
Die Falschen und die Richtigen

Wenn die Falschen an die Macht gelangen
wird es dunkel werden nah und weit,
sie sind irrig mit dem Trotz verfangen,
Unruh' zeugend, immer wieder Leid.

Lang bekannt schon dieses Phänomen,
doch der Mensch lernt schwerer immer noch
aus den Zeiten, die im Gestern lehn',
heute zeigend, wie es kam zum Joch.

Wenn die Falschen an die Macht sich drängen
klingt die Trauer und die Furcht neu auf,
Magendruck und Wolkendonnerwetter
spüren keinen Sinn in jener Spreu Verlauf.

Doch die Richtigen werden noch verwechselt
und als Falsche oft kalt tituliert,
werden von den Falschen dann gehetzelt,
da der Falsche sich hier nie geniert.

80
Der Widerstand der heutigen Leute

Der Widerstand der heutigen Leute,
die sich politisch echauffieren,
braucht die Hygiene und nicht Beute
das Argument zu infiltrieren.

Da jener Widerstand der Leute
in deren Herz-Geist unfrei lebt,
sei frei und mutig, wer nicht scheute,
dass für die Wahrheit einer strebt.

Wer Widerstand für Wahrheit hält
und nicht dem andren widersteht,
dem auch die Unwahrheit gefällt,
dass Menschliches er kaum versteht.

81
Farbbeutel

Wo manche Menschen von dem Zweifel
gelenkt sind, durch die Furcht getrieben,
da ist ihr Rat des Zitterns Stimme,
die kaum vertrauensvoll ward noch verblieben.

Wo das Vertrauen fehlt wird dieses Loch
den Sturm verschlingen nicht der Zeit,
doch von sich selbst verschlungen werden
in jener Welt, in der er Dunkles tat.

Belichte und belebe Sinn, du Friedensfreund,
du Lebensfreund willst alles Leben schützen;
trink frisches Wasser, das die Seele findt'
und nicht ein Geist erpresst ob seines Leid.

82
Den Atem stehlen

Wo Kriege uns den Atem stehlen,
die Drohung in die Herzen führen,
dort darf nicht Schweigen uns verhehlen,
wie wir den Frieden wieder küren.

Dort muss und wird die Sprache siegen,
die tief in uns der Seele Wort,
dort suchen wir das kluge Lieben,
die Freiheit von der Kriege Mord.

83
Wage den Kampf mit der Wahrheit

Wage den Kampf mit der Wahrheit, mein Freund,
klage nicht an, doch ergründe die Fragen,
lass dich nicht täuschen, es sei nicht versäumt,
die Alten und Weisen auch dazu zu wagen.

84
ICH BIN DER GEIST, DER STETS

Ich bin der Geist, der stets befragt
den Sinn und das Warum der Zeit,
es hat an mir das Leid genagt
und jenes Wissen, das befreit.
Zu Ende komm ich nie damit,
die Fragen gehn mir niemals aus
dem Sinn, denn ich bin nie ganz quitt
und fühle mich noch nicht zu Haus.

So streben Menschen nach dem Wissen
des Kósmos und der Welten tief,
sind eifrig und auch recht beflissen,
da sie dazu die Freiheit rief.
Wer wollte zweifeln? Wer beweinen?
Wer wollte grübeln oder schreien?
Millionen Jahre her war Scheinen
des Feuers auf der Erd allein.

Und was wird morgen sein dem Sinn?
Was liest die Seele in die Welt?
Sucht sie erneut nach dem Beginn?
Und nur den besten Weg zum Geld?
Wer morgen denkt und heute lebt,
wer gestern schaut und still vereint,
mit Zeiten voller Wissen webt,
hat keinen Geist jemals verneint.

85
ÜBER DEN KAMPF MIT DER WAHRHEIT

Den Kampf mit der Wahrheit wird Wahrheit gewinnen,
nicht Lüge, nicht Trug, nicht Lob und Kritik,
denn all jene Wahrheit wird Klarheiten singen,
nicht täuschen, doch lieben, ganz ohne den Trick
des Geistes, verschlagen er, immer mal wieder,
die Wahrheit dagegen, erschafft schöne Lieder.

86
An alle politisch Denkenden und Handelnden

Stets würdige die Fakten, Freund,
die richtig sind und gut,
denn ohne diese Fakten, Freund,
wird wieder uns das Blut.

Und wenn das Blut als Fakt sich zeigt,
dann zeige deine Scham
für jenen, der dem Blut sich neigt
hinzu, wenn's soweit kam.

Und wenn der Fakt ist kaum zu sehen,
dann schaue und befrage,
ersuche stets frisch zu verstehen,
wie man's auch ohne wage.

Doch nie erfinde du den Fakt,
denn Freund, das ist Betrug
und bringt die Welt aus ihrem Takt,
man weiß, das ist nicht gut.

So suche stets den Fakt, mein Freund,
die Wahrheit jedes Mal,
und wenn sie einer nur erträumt,
dann hol ihn aus der Qual.

Du wirst es wissen, wirst verstehen,
wirst wandern und erbauen,
wirst innerlich die Liebe sehen
und anderen vertrauen.

87
Klug ihr schon seid

Klug ihr schon seid, ihr politischen Meister,
seid sachlich, entschieden, strittig und frei
gewogen dem Fakt, da immer beweist der,
den Sinn eines Besten, was menschlich auch sei.

88
Welch frohe Welten gehen voraus

Welch frohe Welten gehen voraus
ins Land der wahren Endlichkeit?
Wo findet sich der Seelen Haus
am alten Strand der Ländlichkeit?

Wird es des Friedens Glück erlangen,
dass Menschen auch den Tod verstehen?
Um nicht im Leben Furcht zu bangen
und so Vertrauen frei zu sehen?

Wer lieben kann wird sterben können
wenn seine Zeit gekommen ist,
er wird sich auch das Wahre gönnen,
das bis zum Schluss sein Herz ermisst.

89
Der Ruhe Gemüt

Gedanken entrinnen dem ewigen Nichts,
geformt durch die Zeit auf dem Weg in die Welt,
es blättern die Finger im Buche des Jetzt,
wo Atem die Lungen bewegt und das Herz –
dort weiß keiner was und glaubt keiner sich,
doch trifft er den Punkt jener Freude genau.

Der Mensch meist entrinnt diesem ewigen Nichts
des Ursprungs Gedanke, der niemals zu fassen
am Satze der Meinung, die alle Welt hypt
und meint von den allen, wie wertvoll sie seien –
was Geständnis mehr ist von der weltlichen Not,
wo dem Schwätzen fehlt Ordnung und der Ruhe Gemüt.

90
Wissen und Weisheit

Wo kluger Geist die äußere Ordnung sieht,
wird weise Seel' mit innerem Raume weit.

Wo Unfug meist uns dem Notwendigen flieht,
ist tiefer Sinn niemals dem Frieden leid.

Da somit Klugheit für die Ordnung sorgt,
wird Seele lieben, was noch nicht gesund.

Und diese beiden weise wissend sind
auf einem Wege dieser Erde Rund.

Wer also wissend ist, muss weise werden,
denn äußere Welten stammen aus der Zeit,

die einst wird jedem, allem, wahrlich sterben,
wo ewiges Inne-Sein uns stets befreit.

91
Drohe nur

Drohe nur, du dreister Typ,
mit Krieg und Aggression, du Schuft,
deiner Attitüde fehlt die Luft
zum Frieden und zum Menschenglück.

92
Bewegung und Regung

Bewegung und Regung, in Freiheit und Recht,
für Einheit der Menschheit, des Denkens Geschlecht,
zuweilen zunächst für Erhalt dieses Lands,
darin Ungeheuer, umtriebig, nun fand's
absurd und unmenschlich, die Deportation,
das war hier schon einmal, der Krieg war der Lohn,
der Hohn mehr für Wahrheit, die Perversität,
Verbrechen, das nunmehr zum Ende gerät.

93
ABSCHIED I – NIMM AN DAS LICHT

Nimm an das Licht, das in dir scheint,
im Trost sei Dank, der Zeit mit dir.
Da Suchen, Ringen, Schaffen, eint
bleibst du im Herzen unseres Wir.

Bleib frei im Licht, das ortlos schaut,
der Zeit geboren nicht allein,
doch froh der Wärme, die vertraut
dem Tageglanz der Liebe Sein.

Du warst und bist nun ewig hier,
fast ewig für der Erde Zeit,
gegangen, weil die Liebe dir
nun jenen letzten Weg bereit.

Wie könnt ich ärgern mich so Mal
der Kanten, die manchmal getrennt?
Doch gibt die Liebe mir die Wahl:
Das Ewige fast dies immer kennt.

So haben wir kein Groll an dir,
der Liebe, die das Beste tat
zum Leben auch, als Mutter hier,
die Freude suchte und auch gab.

94
WEM MANGELT DER SINN FÜR DEN ABSCHIED

Wem mangelt der Sinn für den Abschied im Leben,
wird unreif noch sein, zu keinerlei Nutzen,
da ihm noch wohl fehlt gar wahrhaftiges Streben
und er sucht mit Klagen und Hetze zu stutzen.

Sie brachen nun auf und brachen das Schweigen,
die Masse der Herzen, die Abschiede ehrt
und nicht hier bewirkt, wie die anderen zeigen,
geheim und verschlagen – und menschlich verkehrt.

95
Abschied II – Ins Unbekannte

Ins Unbekannte fährst du nun
am Ende von des Weges Sinn
und wirst im Ewigen nun ruhen
für alle Zeit im Fried-Ich-Bin.

Doch Zeit spielt keine Rolle mehr
für dich, die hatte so viel Jahr
und Tage voll erfüllt und sehr
genossen Haus und Freunde wahr.

Ein großer Dank erfüllt uns tief,
da du den Frieden mit uns trankst,
der uns auch aus der Seele rief
zu jener Liebe, der du dankst.

Geh nun, du bleibst Bekannten treu
bis zu dem unbekannten Sinn,
den Freunden treu, die niemals scheu
und grüßen dich, du Froh-Gewinn.

96
Wer niemals an den Abschied denkt

Wer niemals an den Abschied denkt
und fragt nicht, ob das Leben jetzt
schon gültig ist und anderen schenkt,
was Liebe hier und heute setzt
an Wert und Wohl, an Froh und Sinn,
der kennt noch nicht der Lieb' Ich-Bin.

Denn auch wird er empfänglich sein
für die Gewalt der Hetze Hass
und ganz allein verfangen weihen
mit anderen sich in Netze, krass,
aus denen sie nicht mehr entkommen,
da deren Haltung ward verkommen.

97
Es mag der Regen jenes Rot der Adern waschen

Es mag der Regen jenes Rot der Adern waschen
von junger Haut des Kämpfers für ein großes Reich
und auch das Rote Kreuz den Sack mit seinen Laschen
verschließen über'n Kopf, der nicht mehr zeigt sogleich
welch schöne Mähne diesem Jüngling noch zuvor
der Mutter war, die ihn nun grundlos schon verlor.

Wie kommt ein Herrscher zu der Sicht ihn rekrutierend
in jenen Streit zu ziehen, die dieser meint sei Recht
und diese Trümmer stets erzeugt, da er flanierend
die Residenz betritt mit einem Kopf, der schlecht
der Mutter passt, da sie die eigene Mähne kennt,
auf die ihr Liebesherz bezogen Friede nennt.

Dem einen gleich ist dieser Friede wohl schon lang,
er konnte zeigen Macht und Kraft und rücksichtslos
Geschäfte machen für den engen Staat voll Drang
Misstrauen säend, dass sie hielten ihn für groß.
Der tote Jüngling, der zerschmettert ward von diesem,
hat dessen Kleinheit durch den Mord an ihm bewiesen.

98
Such jene Freude

Such jene Freude, die andere vergiften
und stören uns gallig, im offenen Raum,
schweig nicht und suche dahin zu driften,
wo Galle nicht ist und der giftige Schaum.

Such jene Liebe, der andere misstrauen
und hassen uns willig, heuchlerisch beten,
schweig nicht und suche dahin zu schauen,
wo Hassen nicht ist und das giftige Reden.

99
Sie lebten und schrieben

Sie lebten und schrieben Gedichte und Texte
für Bücher und sich und den eigenen Stolz.
Doch eines sie narrte gehörig, verhexte
den Tenor der Worte, der bei ihnen schmolz
zu nichts ins Neutrale, fern von der Welt,
da doch jene dort wurd zu faulerem Holz
ob ihrer gewandt neutralisierter Gedichte
und Texte, denen der Pfeffer abhold.

Sie schrieben und dachten, sie seien schon klug,
da sie ihre Worte so selbstherrlich wählten
und doch nicht begriffen der Welten Betrug,
wo manche einander sich eitel bekriegten
und auf die Gewalt all der Lügen noch zählten
und diese und nicht schon die Wahrheiten siegten,
da blieben neutral sie, denn sie noch nicht liebten
den Sang jener Worte, die Dichter sich wählten.

So kam es zum Streit der Geschmäcker und Nasen
als einem die Strafe zum Tode sollt treffen
und andre darin das Unmenschliche lasen,
den nickenden Trotz unkritischen äffens
neutraler Gefühle, die Fauliges blasen,
blutleeren Gemüts, das die Ordnung will haben
der Formalitäten und Bilderbuch Vasen,
mit denen geschehen sie ließen die Plagen
des weltlichen Treibens und eitlen Anmaßen.

Sie gruben am Grabe mit Neutralität
und huben die Schächte durch nichtigen Sinn,
am Grabe, dem eignen, bar Genialität
und Mumm für das edlere menschliche Kinn,
das ihnen hätt', ob ihrer Frivolität,
gezeigt jene Liebe und auch den Gewinn
der Welt und des Lebens, worin es besteht,
warum es ist, was es ist, weil ich es bin.

Sie gaben die Stimme nicht jenem Gerechten,
der saß im Gefängnis und wurde beklagt,
da dieser die grausame Wahrheit des Krieges,
das Töten, Hinrichten, das hat er gewagt,
aus deren Geheimnis des blutigen Sieges
erzählte und all jene Mörder verklagt
und so jeden Krieg – und dabei nicht blieb es –
anprangerte, weil's das Gewissen ihm sagt.

Gewissenlos aber regierten Gesetze,
die Satzung, die Ordnung, die Formalität,
weil so gern man schriebe, gedankenlos schwätze
und auch nicht begriff jene Zeiten so spät,
da mancher die Wahrheit des Krieges verhetze
und daher mit Lügen den Krieg so begeht
und tötet, hinrichtet und Menschen verletze,
da er noch nicht geistig das Menschsein versteht.

100
Die schattigen Träger der Krawatte

Es tragen die Schatten Krawatte und Hemd,
recht weiß und unwissend, mit größerem Mund,
und dulden nicht das, was ihnen scheint fremd,
das Eigene, das Herz, der Abgrund.

Sie suchen sich selber, das eigene Fremde,
den Gott, den sie nun wollen sein,
politisch bestimmen, Verbrechen versenden
die Menschen und Freunde, das Heim.

Es tragen die Neuen die Alternativen
ins Volk, das den Schmutz ihnen frisst.
Protest aber sucht nun die sinnigen Tiefen,
wo Licht sich und Schatten bemisst.

Sie suchen vergeblich das eigene Glück
auf dem Weg in das dornige Reich,
kein Ziel bringt sie näher, keinerlei Stück,
nicht morgen und niemals sogleich.

101
Kaum ein Mensch des Volkes mag

Kaum ein Mensch des Volkes mag
sich den Sinn des Menschen suchen,
denn sie neigen mehr zur Klage
und ereifern sich im Fluchen.

Reden albern, sinnentleert
geistig schwankend, unbewährt
in den Augenblick hinein,
selbstgefällig und allein.

Tragen vor sich her die Phrasen,
werden so zum Kriege blasen
und einstimmen, wenn ein Wichtiger
meint das Töten sei nun richtiger.

Denn sie schauen nicht den Sinn
in dem Frieden jedes Blühen,
das allein scheint der Beginn
hin zu Früchten sich zu mühen.

Doch so manche sich entziehen
jener Pflege ihres Geistes,
denn sie werden lieber fliehen,
Welt und Drama stets beweist es.

Andre nehmen auf den Kampf
für und gegen ganz Bestimmtes,
doch auch hier des Volkes Krampf
stiehlt den Frieden, selten bringt es.

Splitter-Denken, keine Einheit,
tut sich schwer das Menschenherz,
leider herrscht so noch Gemeinheit
und misstrauisch eitler Scherz.

Wie ist möglich dies zu heilen?
Wann wird Mensch und Herz gesund?

Leider leidet er im Eilen
durch der Welten Kunterbunt.

Doch im Ordnen von den Farben
wird die Weisheit werden ihm,
auch das Heilen von den Narben
durch das Wissen, klug, sublim.

102
„Zum Henker mit der Wahrheit!"[1]

Da Wahrheit nicht klar und nicht eindeutig ist,
zuweilen ja schon, doch nicht immer,
macht, wer sie nicht sucht und auch sie vergisst,
die Welt und das Leben stets schlimmer.

Denn da er die Wahrheit mit Herz nicht bemisst
ergründet nicht, fragt nicht nach, nimmer,
bleibt ihm auch die Liebe nicht wirklich vermisst,
weshalb seine Welt zeugt die Trümmer.

Und lässt die Gerechten von jenen besiegen,
die Lügen hofieren und Kriege bestreiten,
denn da er die Antwort nicht gibt auf das Lieben,
belässt er die Qualen und alle die Leiden.

Und wird jene Schuld den Menschen andichten,
da er seine eigne nicht spürt
und daher den Menschen geistig hinrichten,
indem er zum Henker sich kürt.

Gewöhnlich wird sein der Henker, normal,
ein Bürger von nebenan,
er ist im Verein und geht auch zur Wahl,
doch hört er die Wahrheit nicht an.

103
Wenn Menschen nicht die Fragen stellten

Wenn Menschen nicht die Fragen stellten
zum Glück und zum Verständnis Willen
und giftig nach den Fragen bellten,
die Furcht davor sie treibt im Stillen,
dann wollen sie die Schuldigen finden
und andren auch den Mund verbinden.

Denn Schweigen ist das Fragelose,
mit dem sie sich vorm Leben scheun,
der Frage Ihres Leids, das Große,
weil sie kaum lernten sich zu freun.
So werden sie die Leiden zeugen
und auch die Freiheit garstig beugen.

Schau an und freue dich des Lebens,
der Zeit des Daseins und Vertrauens
und schaue, dass nicht ist vergebens
dein Werk des Fragens und Erschauens.
Denn wo du Antwort findest wahr
bleibt dir die Frage immer nah.

Nur wer die Fragen nicht mehr hört
wird in die Furcht der Zeit getrieben,
weil still das Schweigen Sinn zerstört
und auch die Kraft zum Weiterlieben.
So höre hell der Fragen Sinn
und Wert fürs Glück des Jetzt-Ich-Bin.

104
Heute erstrahlt jener Widerstand

Heute erstrahlt jener Widerstand, in die Runden der Zeit,
ob der dreisten Gefahren für die Demokratie dieses Landes,
dies ist nicht spaßig und driftet recht rasch in das Leid,
wie jener Gesellen Boden, luftig, im Kriege befand es.
Drum sind die Meister der Weisheit und Wahrheit gefragt,
da sie wieder Ordnung herstellen, aus ihrem Frieden heraus.

105
Vom Begehren des „Unmöglichen"[2]

Ich liebe den, der möglich macht,
was andere für unmöglich halten,
all jene, die ihn ausgelacht
und tatenlos die Hände falten
und beten nur, nicht denken willig –
das lässt er sich nicht bieten billig.

Ich liebe den, der wissend ist
und sucht nach weiteren Möglichkeiten,
die Trotz-Kritik der Welt vergisst
und forscht nach weiteren Löblichkeiten.
Er braucht die starke Herzensbrust
und für die Wahrheit auch die Lust.

Ich liebe den, der weise wird
noch mehr als alle andern wohl,
denn dieser auch dem Irrtum stirbt,
der manches Handeln lässt recht hohl
ins Blinde eifern, ohne Schauen,
wie besserem Wissen sei zu trauen.

So lieb ich den, der weise ist
und Wissen auch als Seines kennt,
auch eitel nicht den Irrtum frisst,
doch seinen Eigenen auch nennt –
und daher Welt und Leben liebt
und andrer Irrtum still vergibt.

So lieb ich jene Liebenden,
die wissend, weise, menschlich sind,
und jene Weisheit Schiebenden
bekämpfen nicht, da die noch Kind
der Menschheit sind – der allzu jungen –
weshalb er gern hat sie besungen.

106
Nur Freundlichkeit die Welt gewinnt

Nur Freundlichkeit die Welt gewinnt,
denn aggressiv nur Krieg beginnt;
drum werden grad die Aggressiven
mein Ehr-Vertrauen nicht genießen.

Denn wo nur käm die Welt wohl hin
mit aggressivem Kampfbeginn?
Der Mensch bedarf der Freundlichkeit,
denn ohne wird dem Frieden Leid.

Wer also dient den Aggressiven,
erkennt nicht, dass die Kriege riefen
und stets Befehle zeugen eitel,
wie jener damals mit dem Scheitel.

Was mich betrifft, so sei schon klar,
dass ich nur diene, dem, der wahr
und freundlich äußert seinen Willen
für einen Frieden auch im Stillen.

Doch jener Mensch, der das nicht ist,
hat gerne andre angepisst
und glaubt er könne sie befehlen
und müsse Unmut nicht verhehlen.

Ein solcher braucht wohl Therapie,
denn sonst wird ihm der Frieden nie.
Doch davor wird er wohl sich drücken,
um lieber andere zu bücken.

Für solche braucht es Gegenwind,
den Sinn für Freundlichkeit bestimmt
und auch das Rückgrat zu bestehen,
die Lüge solcher zu verstehen.

Wer klein nur beigibt Aggression,
gebührt der Frieden nicht und Lohn

der Liebe, die wahrhaftig ist
und auch die Wahrheit nicht vergisst.

Denn diese hat der Aggressive,
was sein Gebaren auch bewiese,
noch nicht erkannt und abgetötet,
weshalb er an sich nicht errötet.

Wem also mangelt Scham, Gewissen,
der soll sich lieber schnell verpissen,
bei mir wird er ins Leere laufen
und muss die Zeitung selber kaufen.

107
Sei entschieden

Freund, sei entschieden, vertraue dir selbst,
sonst vertraust du am Ende den Falschen.

Weißt du nicht wie? Suchst du dich selbst?
Dann hör auf die Fragen des eigenen Sinns!

Und was ist der Sinn? Gibt es gar viele?
Doch schau nicht Beliebigkeit zu.

Finde den Wert der Menschlichkeit Ziele,
dann findest du innerlich Ruh.

Denn schau, Freund und Freundin, dabei:
die Falschen beklagen und jammern!

Sie werfen mit Schuld und wollen uns klammern
die Freiheit der Welt, die uns sei!

Drum, sei nun entschieden und wertvoll dir selbst,
den Stolz du daher nur selber erhellst.

108
VOM „PETZEN" UND ANDEREN REFLEXIONEN

Ich petze der Welt ihr schattiges Irren
und lobe den Glanz der Weisheit Genuss,
doch hetze ich nicht gegen deren Verirren,
denn suchen will ich den klügeren Kuss
für viele und alle, zum Besten der Zeit,
bewusst soll sie werden und lindern ihr Leid.

Ich petze dem Menschen sein eitles Gebaren
und kläre den Sinn einer Suche nach Wert
im sinnigen Fragen und Hören des Wahren,
denn ohne dies, Leben und Welt wird verkehrt.
Gestehe mir ein, dass auch ich irren kann,
voll Lob des Entwirrens, das mich findet dann.

Ich petze, denn Menschen empfinden dies so,
wenn sie sich ertappt im Irrtum nicht schämen
und gegen die eigene Wahrheit unfroh
und grantig sich ob der Erkenntnisse grämen,
bewusst nicht dem Leiden des eigenen Irren
voll Widerstand gegen der Liebe Entwirren.

Ich petze nicht wirklich, die Liebe ist gnädig,
die Klarheit tut weh, doch Wahrheiten nicht,
die Deutlichkeit finden manche noch schäbig,
doch ist dies der Liebe wahrhaftiges Licht.
Wer sucht wird auch finden und weiterhin suchen,
wer nicht sucht wird schinden und dauerhaft fluchen.

Ich biete der Welt die Weisheiten an,
die Irrtum und Glanz des Menschen beleuchten,
ein Petzen ist's nicht, Erkenntnisse dann
den Irrtum aufgraben, das Wahre befeuchten,
damit uns die Chance zum Blühen gedeiht
und ewig der Mensch nicht sich eitel entzweit.

109
Ich muss akzeptieren manch weltlichen Sinn

Ich muss akzeptieren manch weltlichen Sinn,
der noch nicht erkennt dies liebliche Sein,
muss mir eingestehen dieser Welten Gewinn,
die Leiden, das Irren, der täuschende Wein
zum Siege des Kruden, des geistigen Kopfs,
dem voll widerständig schwillt rascher der Kropf.

Doch dies nicht bedeutet das Wahre zu meiden,
bedeute dies doch sich selbst zu negieren,
vielmehr schweige ich ob all jener Leiden,
die klar zu verspüren nicht Dinge kapieren,
zu jung noch und Kind, ich liebe das Reifen,
geduldiges Wachsen der frucht-seeligen Schleifen.

Es schleifen sich Menschen mit Leiden herum,
verirrlichtet bald von der irrlichten Welt,
von Menschen, wie Stachel voll giftigem Krumm,
mit eitrigem Fokus auf stets noch mehr Geld,
gewiss trocknen Herzens, getäuscht von der Zeit,
nicht klar vor der Wahrheit – und Liebe verneint.

110
Die Meinung ist willig

Die Meinung ist willig, die Meinung ist kalt,
zuweilen noch billig, zuweilen zu alt,
da manche noch glauben, dass Meinung sei edel,
doch sie missversteht sich, wenn sie nur ein Wedel,
das andere Meinung narzisstisch vertreibt,
wie Fliegen auf Kot und dem Aas dieser Welt;
es ist, nein, die Meinung, auch tödlicher Rädel
und hirnig zerrissen, voll Widerspruch Führer.

III
Wie kam es wohl? Wie wurden wir? – Und wo wandern wir hin?

Wie kam es wohl, der Menschen Sinn
zu denken sich fernab der Bäume,
wo Höhlen waren mit dem Feuer
zu finden und auch jene Träume
im Haus zu wohnen, dieser Erde,
wo er dann auch im Bette sterbe?

Wie kam es wohl, wie wir geworden?
Wie denken wir in heutiger Zeit
von jenem Sinn, der auch verborgen,
wie jenes unbewusste Leid
der Zeit des Tages in dem All,
wo Wahrheit ist gewiss der Fall.

Wir träumen von Verbesserung
und haben doch schon viel erreicht!
Nach Fluten die Entwässerung,
wenn Wasser aus den Kellern weicht,
gepumpt mit Technik und dem Denken,
das auch kann die Raketen lenken.

Wenn wir entschieden sind und klar,
an Sinn und Wahrheit denken sehr,
dann kommen wir der Liebe nah,
die nicht das Leben macht uns schwer,
doch die uns mit Natur lässt leben
für ein global recht neues Leben.

Wie kann global der Frieden werden,
nachdem das Feuer ward gezähmt
und wir nun Wissen, Weisheit erben
und weiter erben, angelehnt
an all die großen Traditionen
die noch recht jung schon in uns wohnen?

Komm mit, bleib dran, erforsche tief,
was dieser Kósmos für uns ist,
schau Sinn im Tage, der dich rief
und uns gemeinsam nicht vermisst,
doch treu der Freude, dem Vertrauen,
wenn wir den Frieden dabei schauen.

Wer kleinlich denkt von Weihnachten,
der hat nicht Religionen gern,
er wird die Liebe wohl verachten
und träumt nicht von dem Friede-Stern,
vom Augenblick, da ihn erfüllt
der Sinn nur da zu sein gehüllt.

Da Religion ist Glaube nicht
allein, doch auch ein Suchen, wahr
von Sinnerfüllung, Angesicht
verspürt in deinem Herzen nah,
sind Fragen für das ewige Finden
von Liebe wert uns zu verbinden.

Ich wünsche uns den Frieden nun,
der lange schon die Träume sucht,
wir haben hier recht viel zu tun,
denn manchen noch die Wut verflucht.
Wem ernst der Friede wirklich ist,
der sucht, was du im Grunde bist.

112
Der Grund unseres Seins

Der Grund unseres Seins, zeigt die ewigen Fragen,
die manche stets offen, die Hoffnung gewähren.
Und manche erzeugen die Rührung, betroffen
von Leid und vergänglicher Zeit und Beschweren.
Die Zeit ist das All, wer sie leugnet verdirbt.
Und wer sie verachtet, verachtet und stirbt
den Tod der Gewalt, das dreiste Verirren.

113
Vom Stillsein, Zuhören und Umdrehen

Ihr seid jetzt still, ihr jammernden Gesellen,
die jeden Frieden nicht begreifen jedes Mal,
wenn große Phrasen greifen nach den Wellen
der Unruh und des Krieges euch zur Wahl,
die ihr dann trefft für blutiges Zerstörn,
weil euch die Liebe nicht und Sinn gehörn.

Ihr hört jetzt zu, ihr plappernden Verneiner,
dreht zu das Wort, das selber euch erstickt
und spitzt die Ohren eures Geistes feiner,
damit das Herz der Zeit sich nicht verstrickt
in all die Lügen und mit ihnen in Gewalt,
die sicher wird, wenn euch die Phrase hallt.

Ihr dreht jetzt um, ihr dreisten Direktiven,
auf eurem Weg ins Dunkel eures Sinns,
schaut zu den Bildern heller Perspektiven
für bessere Welten und des klügeren Beginns.
Ihr seht den Weg noch nicht, weil ihr nicht sucht
und euch der Unsinn bleibt, dem ihr noch flucht.

Ihr werdet froh und schöpferisch vereint
im stets Bewältigen des Menschen Pflicht,
da ihr Natur und Mensch und Tier, es scheint,
euch nun zum Feinde wahr erwählt mehr nicht.
Lobt Weise also, gute Philosophen,
damit die Welt nicht krankt an jenen Doofen.

114
Was ist still?

Still ist das Licht und der Schatten an sich.
Still ist der Wandel der Evolution.
Still ist der Kampf des Irrtums in sich.
Still ist Protest, dem der Frieden ist Lohn.
Still ist der Sinn, der sich selber schon liebt.

115
WIR SIND ZUM SPASS AUCH HIER AUF DIESER ERDE

Wir sind zum Spaß auch hier auf dieser Erde,
doch nicht allein erfüllt von ihm, da auch
der ewige Wandel uns schon lang das Werde
in unserm Fleisch und Geist erzeugt den Brauch
das Weh zu heilen, weil das Blut gerinnt,
mit dem das Leben erst an Spaß gewinnt.

So sind dem Spaß die Zwecke nachgereicht
zu jenem Heil, von dem der Heilige lehrt
und die Moderne die Methoden eicht,
damit der Menschheit dieses Leben, wert
und schön, gesund und tief erfüllt, bewegt,
den Sinn der Zeit erschaut, Geist angeregt.

Wir schau'n zurück in gestrige Welten, wild
ward jene Zeit, wo kaum der Frieden frei
und innig sich entfaltete ins Bild
all jener Liebe hier, die doch uns sei,
auch wenn der harte Tag voll müdem Blick
den meisten Menschen raubt noch das Geschick.

Doch regt grad' dieses die Entwicklung an
für eine bessere Welt, die besser wird,
um das zu sein, was sie schon sei und dann
der Zukunft einmal und nie wieder stirbt.
Drum ist das Heil der Spaß im Augenblick
und nicht das Weil das Maß des stillen Glück.

116
DIE FRAGE, DIE NICHT RÜHRT

Die Frage, die nicht einen anderen rührt,
doch klug ist gestellt und auch weise,
zeigt an, dass der eine sich wohl noch verführt
und zwar im Stillen und leise.
Wer aber die Frage aufnimmt und anschaut,
zu aller erst hat schon sich selber vertraut.

117
BESCHMUTZE NICHT DES DASEINS LEBEN

Beschmutze nicht des Daseins Leben,
verkomme nicht zum Teufelstanz,
gewahre was sei uns zu geben,
was wirklich ist des Werdens Glanz.

Nimm an den Augenblick der Zeit
des Findens, das im Suchen nahte,
im Räumchen jenes Geistes Leid,
das sich den Blick zum Kòsmos sparte.

Und finde dann den weiten Raum
des Alls der Liebe Wahrheit Sinn,
nicht mehr sich hangelnd durch den Baum
kausal erkanntem Denkgewinn.

Denn Weite will erfahren sein,
wenn Enge überwunden wird,
dem Glanz gewahr und ganz all-ein,
geworden was schon immer stirbt.

Doch stirbt der Welten Neid und Groll
und wächst zur Lieb lebendig hin,
recht wissend, was das Leben soll
und wo und wann ist Nähe Sinn.

So nah dem Sinn, der eigen ist,
egoisch nicht, doch dienend frei
dem Augenblick, der sich vergisst
und sieht, dass er nun wirklich sei.

So sei, was du geworden bist,
die Nähe zur Unendlichkeit,
die Liebe, die sich nie vergisst
und freut sich mit Erkenntlichkeit.

Um so lebendige Gedanken
mit Herz zu wechseln und Vertrauen,

nicht häufig mehr im Geiste wankend,
um jene Liebe zu erschauen.

118
Wenn Fragen kaum in Frage kommen

Wenn Fragen kaum in Frage kommen
und Meinung sei das einzige Gut,
dann wird uns jede Welt verkommen,
weil stets nur Antwort sticht und Blut.
So stellt mehr Fragen, Freunde, doch
um zu entgehen dem Meinungsjoch,
das selbstgerecht nur präsentiert,
was es nicht ganz hat schon kapiert,
was an der Zeit verstanden sei:
denn nur die Wahrheit macht uns frei.

119
Erwiderung auf eine Bayern-Kritik

Was man net will, das soll net sei,
denn oiner moint es immer andrsch.
Such Freiheit in der Religion, mein Freund,
damit du bald im Frieden wandersch,
denn dies Idee steht hier im Raum
und nicht ein Motzen auf den Traum
des Friedens für ein kluges Sein,
das überwindet das Allein.

120
Grenze und Tänze

Wenn kommt ein Mensch an jene Grenze,
wird meist er sich das Fragen schwänze'
und fürchten sich mehr,
vor dem, was so schwer
am Lernen der Wahrheiten Tänze.

121
Die eitleren Leute

Die eitlen Gedanken der künstlichen Leute
erobern mit künstlicher Wahrheit die Welt
zur Plage des Wissens, der Weisheit, als Beute
und wollen noch für ihre Eitelkeit Geld.

Und Macht auch mit Fake-News und allerlei Krankem,
das sie nicht zur Heilung schicken, misstraut
den Ärzten, da sie auch sich selten bedanken,
und noch nicht die Klugheit des Menschen verdaut.

So zeigen sich Leute recht eigen und eng
im Denken, der Antwort, von Fragen zu schweigen,
und werden durch Wertungen bald auch recht streng,
da sie zur Gewalt auch obendrein neigen.

Im Recht sich solch Leute dann immer schon sehen,
obwohl sie mit Unrecht und vorschnell die Strafe
einfordern und klagen und dann nicht verstehen,
dass sie nicht das Land sind, doch nur die Enklave.

Denn sie sind „die Welt", doch ohne Erkenntnis
getragen von Trotz und luftigem Wort
stets über dem Boden, doch mit dem Bekenntnis,
dass hier liege Grund und der richtige Ort.

Die eitleren Leute, sie muss man beschränken,
bald über den Mund fahr'n und sie korrigieren;
denn was sie schon können, ist, Fakten zu kränken,
weil sie, viel zu eitel, den Sinn nicht kapieren.

Doch, Freund, gib gut acht auf die Korrektur,
dass du auch die Richtigen eitleren Leute
ausfindig gemacht hast und nicht schon bist stur,
wie diese zum Kampfe bereit und zur Beute.

Denn, Freund, diese Beute verführt diese Leute
zum diebischen Drang nach der eitleren Macht,

die du, Freund, sollst meiden und lieber in Freude,
mit frischeren Fragen, hast klug sie vollbracht.

122
APROPOS SCHÖNHEIT

Wer Schönheit schaut in jedem Augenblick,
der wird im Atem ruhen und einfach sein.
Doch wer nach Vorteil sucht, mit einem Trick –
der nicht die Schönheit schaut, doch Schein,
nicht Täuschungen des eitlen Wohl und Traum –,
denn da der Frieden ward der Welt so kaum,
bleibt ihr das Glück versagt und sie in Pein.

123
VOM SINN DES AUGENBLICKS

Wo erschaut der Sinn des Augenblicks
Ordnung und Struktur der Zeiten Wege?
Denn der Pfad des Menschen sich bewege
Friede nah, im Klarsein des Gewichts,
Lasten tragend und verteilt auf Stege,
denen Schönheit ist, das Faszinosum,
wo sein Friede sich für ihn begebe. –
Wann der Mensch und wie er dabei strebe,
sei dem Menschen Sinn – des Tags und Lichts.

124
SUCHE FREIHEIT

Suche Freiheit, du Freundin und Freund,
in dem Augenblick deines Geschick,
denn die Unfreiheit noch schäumt
voll mit Wut und dem Groll ihres Tick.

Suche Freiheit woanders nicht mehr,
als in dir, deinem seelischen Glück,
mit dem Dienst an der Welt und daher
auf der Spur jener Weisheit ein Stück.

125
Es wandern die Weisen ins schattige Land

Es wandern die Weisen ins schattige Land
und leuchten mit Sinn dem Unsinn im Dunkeln
voll Farbe des Lebens und strecken die Hand
den Anwohnern zu, die dort nur noch munkeln
von farbigen Welten, dem Traumparadies,
das sie noch nicht fanden in ihrem Verlies.

Verlassen die Schatten vom klareren Blicke
ins Lichte hinein, das die Herzen erfüllt
und das sich bewegt froh im Augenblicke,
da dieser stets ruht und alles durchhüllt.
Die schattige Welt war schwer zu erleuchten,
doch irgendwie schon ward ihr ein Deuchten.

Doch deren erwähltes Deuchten war Klagen,
Bejammern, Beschuldigen, etwas nicht stimme,
sie stellten noch nicht in Ruhe die Fragen
und brachten zuweilen das Korn in die Kimme.
So riefen sie laut und waren es auch,
gewiss aufgeregt und begingen den Brauch:

Denn manche der Schatten warn lichte Gestalten,
die Töne, im Dunkel, der Welt hinein spuckten
und konnten nicht wirklich an sich selber halten,
da sie aus dem Dunkel ins Dunkle nur guckten
und somit nicht sahen, wo Halt ward zu sehen,
da haltlos sie waren, nicht wollten verstehen.

Die lichten Gestalten der schattigen Welt,
sie glaubten zu wissen, behaupteten Sinn
erkannt schon zu haben und waren der Held
der Schatten, die suchten den lichten Gewinn,
den schnellen Erfolg zum Traumparadies –
und schauten nicht klar, wie's Leben bewies.

So schauten die Weisen den schattigen Tanz

und sahen, was jene im Lande nicht sahen:
den lichten Moment des Augenblicks Glanz,
dem all jene Schatten nicht konnten sich nahen.
Da dieser Moment war ihnen nicht lieb,
er ihnen auch nicht ins Bewusstsein geriet.

Es wandern die Weisen ins schattige Land
und gehen auch wieder und kommen zurück
stets um ein Vertrauen und auch jene Hand
den Schatten zu reichen, zu lichten das Glück.
Wer will es nur glauben? Wer lichtet den Sinn?
Du weißt dann, mein Freund, wie Du-Bist Ich-Bin.

126
Es kamen die Ratten

Es kamen die Ratten zum endlichen Schluss:
Millionen sollen verschwinden!
So sorgten für Gift sie, verdorbenen Kuss
und wollten geheim sich verbinden.

Doch gute Recherche berichtete frei
von nicht einfach willigem Stuss,
doch von dem Verbrechen, geplant auch dabei
Verbundenheit mit jenem Russ'.

Die Dreisten, sie lügen, schlimmer als Ratten,
sind Feind der Lebendigkeit.
Die Feigen, sie fügen sich gleich, da sie warten
auf anderer Gerechtigkeit Gruß.

Es werden die Ratten die Krankheit verschlimmern,
da ihnen dies stetig auch wird.
Sie sagen hier Nein, doch werden sich kümmern,
um Demokratie, die ihnen stirbt.

127
Vom Unbekannten

Ist uns das Unbekannte wirklich unbekannt?
Da doch schon wir es auch zur Zeit im Grunde sind?
Und findet es uns nicht in unserem eigenen Land,
uns wohl bestimmend und erwachsend aus dem Kind?

Wer hätte früh gewusst, was aus ihm werden wird,
wenn er gewöhnlich wächst in neues Land hinein?
Wer würde später sagen, dass er Früherem stirbt,
da doch Vergangenheit wirkt auch im Jetzt all-ein?

Ist das Bekannte nur die einzige Kraft des Alls,
was unermesslich scheint und stetig Neues wächst?
Muss die Erkenntnis stets des ewigen Verfalls
ergänzt zur Frucht hin führen, die du damit schwächst,

wenn du mir sagen willst, es sei dir nicht bekannt,
dass Unbekanntes sei zu kennen, was nie sei
und diese beiden sei'n zu trennen, da die Hand
Bekanntes greifen kann und wüsste, wo es sei,

doch dir das Unbekannt nicht geistig fassbar ist
und du es daher in die Jenseitswelten schiebst,
da du hier keinesfalls in jenem Glauben bist,
der daraus Teufelszeug gebar, das du nicht liebst?

Ich stimme zu dir sehr und glaube es auch nicht,
dass Jenseitswelten sei'n zu Gange uns all-ein.
Denn jenes Absolute scheint mir gangbar nicht,
da paradox mehr scheint mir Existenz und Sein.

Der Schein des Widerspruchs ist zu erkennen gut,
da doch die Klarheit oft schon trog der Menschen Sinn
und Denken für die Wahrheiten und führte zu dem Blut
des Kampfs bekannter Mächte hin zum Kriegsbeginn.

Nun glaube nicht, was irgendeiner meint und sagt
und schreibt und dichtet für das Wort der Einigkeit,

da doch auch Zwietracht herrscht und da es ward gewagt
von vielen Menschen auf der Erd' Uneinigkeit.

Doch prüfe selbst, du Freund und Freundin, in dem All,
was wohl die Wahrheit ist und wo und wann sie sei,
da doch gewiss die Lüge bleibt auch jener Fall,
wo Wahrheit auch sich findt', wenn sie nicht einerlei.

Doch dies ist wiederum ein Paradox des Sinns,
dass Lüge Wahrheit ist, doch Wahrheit Lüge nicht.
Gib daher recht gut acht auf Wahrheit des Beginns
wo Unbekanntes ward bald ein bekanntes Licht.

128
Das Wissen ist keine beliebige Sache

Das Wissen ist keine beliebige Sache,
die jedem von Anfang an liegt,
es ist klar verbunden, mit dem, was erwache
und weiß, dass Erkenntnis uns liebt.

Erfunden ist Wissen von jenen, die prüfen
nicht wirklich, doch einfach behaupten,
dann ist es nicht wissen, da sie nur riefen
den Unsinn, den viele bald glaubten.

Wem also ermangelt der Frage Geduld,
der findet das Wissen nicht echt,
der sucht nur zu hissen sich auf jenen Pult
der Macht, die schließlich ist schlecht.

Befragen das Wissen tut gut und ist nötig,
doch mancher sagt Nein zu dem Ding
und wird leicht auch eitel, geflissentlich krötig,
denn ihm entgeht noch der Sinn.

129
Wer wollte froh schon sein

Wer wollte froh schon sein
und fand es doch noch nicht?
Wen lud das Übel ein
und kratzte im Gesicht?
Wer kam auf irrem Weg
in dieser Welt nicht an?
Wer geht schon auf dem Steg
ins unbekannte Dann?

Wo will die Welt wohl hin
in ihrer wirren Zeit,
wenn wenige suchen Sinn
und schüren Feuer, Leid?
Was hält der Frieden nicht,
wenn manche ihn verachten
und blenden mit der Gischt
da sie dem Ozean lachten?

Such froh die Wahrheit du, betrübe nicht
am Sinn der Zeit, die keine Fragen stellt
und stets von Schuld, gewiss, nur eitel spricht
und auch den Weisen schon recht offen bellt,
weil sie an Täuschungen sich halten wollen
und daher klagen nur und Unsinn reden,
weil sie der Wahrheiten schon wieder grollen
und daher noch nicht recht im Frohen leben.

Kommst du mit uns, dem Drang,
die Wahrheit zu erschauen?
Und widmest dich dem Sang
der Freude im Vertrauen?
Wenn wir nicht schuldig sind,
doch mehr dem Leiden nah,
weil wir doch noch ein Kind,
das sucht die Liebe – wahr?

Soll denn das Dunkle siegen
und nicht der lichte Sinn
des dich und uns auch Lieben,
da ich dann wissend bin?
Trag nicht den Kampf der Welt
zu deinen Freunden hin
und such der Liebe Zelt
und ihren Frieden – Sinn.

130
UND NIEMALS DEN NEID

Lass Freude sein und suche das Gute,
die Schönheit, Vertrauen, die Frage und frei
verbinde die Wunde der Herzen, was blute,
getragen von bunterem Leben, das sei.

Vernichte Misstrauen, den Groll und auch Hass
des Menschen auf eigene Triebe und still
du streichle den Sinn des Lebendigen nass
und trockne die Tränen, da Leben dies will.

Du lindere Leid, den Zorn jenes Mob
und stehe für Menschlichkeit ein jeden Tag,
vertrage dich mit den Nächsten und lob'
die Suche nach tragendem Sinn, der dich mag.

Und auch nach dem Sinn des Menschengeschlecht,
des Friedens, du ewiger Geist jeder Zeit,
lass gründen die Gründe in dir für das Recht
gerecht zu beleben und niemals den Neid.

131
ES SIND DIE TAGE TREU

Es sind die Tage treu, wenn wir den Sinn begreifen
zu wachsen und zu ruhen, in alle Ewigkeit,
wenn wir auch zeugen Schätze und nicht ferne schweifen,
doch in die Zeit verwoben bleiben jede Tageszeit.

132
Wer heute nicht und nie an morgen denkt

Wer heute nicht und nie an morgen denkt
und täglich nicht die Furcht der Zeit anschaut,
die durch Jahrtausende das Leben lenkt
und niemals wirklich diesem Dasein traut,
der wird, als Opfer jeder Zeit, im Unglück bleiben
und sich am kleinen Alltag bis zum Ende reiben.

Wer meint, zu wissen, was dies Leben uns
erfordere und was die Zeit erträgt
an Neuem und an jener Denker-Kunst,
die nur die Phrase schwingt und nicht befrägt,
was tiefer liegt als jene enge Welt,
der sucht Profit und Siege nur, zu werden Held.

Wer sucht im Augenblick den Frieden sich?
Wann lässt er ihn beiseite und beklagt
den anderen für Nase und den Tisch,
der sich zu decken mit Verstehen wagt?
Wer kennt und auch behauptet schon,
die Wahrheit liege nur im eignen Ton?

Das Leid der Zeit trägt so sich stetig fort,
ergreift sich Räume auf dem Weg zum Ort
des Hasses und Misstrauens gewiss auch dort,
wo Tod und Teufel legitimieren Mord –
weil sie von ihm getrieben bleiben
und jenen Teufel in die Fahnen schreiben.

Schau hin genau, in jedem Augenblick,
lass deren Schuld nicht mehr ergreifen dich,
nimm Fragen ernst, die sich dir öffnend stellen
und schaue frei, wie klug sie dich erhellen.
Und dann verbleibe in der Helligkeit,
die nun die Schatten schaut in ihrer Schnelligkeit.

133
Glaub fraglos nicht

Glaub fraglos nicht den Geistern unverstandener Dinge,
und suche nach dem Grund der fröhlichen Natur,
denn dort im Herz entspringt Vertrauen in dem Sinne,
dass du den Weg dir bahnst, ganz deine eigene Spur.
Doch sei bewusst, dass dir nicht Eitelkeit gewinne
und nicht das eilige Moll der Welten Partitur.

Suchst du den Glanz inmitten trüber Tassen,
den Strahl der Freud, trotz deiner Traurigkeit,
dann schau die Gründe an, warum die Menschen hassen,
warum der Krieg ist Leid und eine Schaurigkeit.
Doch sei bewusst, du schaust es in den Massen,
in jenem Leid der Zeit recht tiefer Einsamkeit.

134
Siehst du die Gleichheit nur

Siehst du die Gleichheit nur als absoluten Sinn,
den sie dir bieten und hofieren für das Recht,
dann öffne dich alsbald hinauf zu dem Gewinn
ja, deiner Verschiedenheit von dem, was daran schlecht.
Denn wo die Gleichheit wird zum absoluten Sinn,
wird man dir deinem Haar und Glanz nicht mehr gerecht.

Du wirst das Rechten schauen und Richten deiner Sicht
und wie dein Haar und Glanz damit gehn verlorn,
es wird verdunkeln sich die Freiheit deines Licht,
da ihnen ward noch nicht der Friede klar geborn.
Denn wir verschieden sind und gerad nicht alle gleich,
das haben sie des Wegs im Kampfe schon verlorn.

135
WER BÜCHER LIEST

Wer Bücher liest, gebildet wird
durch Wissen, Weisheit, Klärendes
von Dingen, Sinn und dem, was stirbt,
der Mensch, und auch Bewährendes.

Wer nur im Netz, zu Kommentaren
und Beitragsschriften, willig meint,
das wär genügend schon, hat Narren
und deren Sinn sich bald vereint.

Denn schnell ist dieses Medium,
nicht durch und oftmals blutig noch,
getragen von Entledigung
der Wahrheit, die es fühlt als Joch.

Doch in dem Buch sie sich entfaltet
ins Herz der Muße frohem Sinn
und zeigt, was niemals uns veraltet:
die Weisheiten und das Ich-Bin.

Im Netz du findest Sollen-Sein,
den Rat, den Irrtum, kaum den Weisen,
da unser Mensch gern folgt dem Schein
und nicht dem Glanze all der Leisen.

In einem Buche, auf der Couch,
zu Hause, in vertrautem Raum,
mit Atem, Wasser, Ruhe, Güte,
da käm er näher jenem Traum

von Frieden und dem Sinn-Vertrauen,
das in der Stille dem erblüht,
der auch die laute Welt wird schauen
und doch um Stille sich bemüht.

So komm zurück zum guten Buch,
dem Freund des Worts Aufrichtigkeit,

entdecke Sinn und hebe Tuch
und Täuschung der Kurzsichtigkeit.

Du wirst gewinnen, wirst verehren
die Klarheit, Form und Inhalt sehr,
und nicht mit Widerstand verwehren
dem Herz-Geist dich, der bietet mehr.

Was wär der Sinn des Lesens sonst?
Wo läge Sinn mehr, dass es klug
in dir und du in ihm gar wohnst,
in der Erkenntnis, dass es gut

und schön und wahr, wahrhaftig ist,
getragen stets von dem Beginn,
ob du das Wahre noch vermisst
auf seinem Wege des Gewinn.

Gewinne so, mit jenem Buch,
das dich berührt für Weiteres
und jenes seidenweichen Tuch,
der Freunde Schrift – Gescheiteres.

Lies Bücher, die es in sich haben,
die Weisheit und Wahrhaftigkeit
und finde auch, wie sie es wagen:
zu reifen hin zur Saftigkeit.

Denn ohne dieses reife Werden
im Lesen, wirst du keine Frucht
erfahren und auch nicht vererben,
denn ohne Frucht wird Leben Sucht.

Mit guten Büchern reife du
zur Frucht und auch zum Saft der Zeit,
denn damit schaust du auch den Clou
des Lebens und bleibst in ihm weit.

136
Popper, Brecht und ich

Ich stehe heut im Zeichen doch
von Popper und auch Brecht nun noch,
die beide, wirklich rational,
verstanden mancher Menschen Qual.
Und auch das Irren und Vermeinen,
das Eilen und auch das Zerreimen,
wenn die nicht die Essenzen schauten
und klugem Geiste nicht vertrauten.

Was diese beiden daher eint
ist Klugheit, die nicht einfach scheint,
doch klar die Menschlichkeit besitzt
das Wort zu führen, angespitzt,
um deutlich einen Stift zu führen,
der Menschliches will dabei küren
und zeichnen auch die trüben Schatten
von jenen, die es noch nicht hatten.

Doch auch, um klar und deutlich wissend,
den Sinn des Augenblicks nicht missend,
geradeaus, die Kurve nehmend
und nicht im Denken sich bequemend,
wie jene, ja, die oft schon meinten,
dass Aggressionen Menschen einten
und Pöbel, trübe Tassen, Eitle,
vermeinten sich als die Gescheitle.

Die harte Diskussion der Welt
der Politik braucht nicht den Held
des großen Mundes, Klappe laut,
doch eine, die mehr auferbaut
durch Sachlichkeit im Argument
und klugem Geiste, ausgepennt,
mit spürbar großem Herz und Sinn
mit Weisheit für des Tags Beginn.

Wir Dreie geh'n damit d'accor,
dass mancher Mensch sich bald verlor,
wenn er und sie nicht günstig denken
und sich die Ratio dabei schenken,
nicht menschlich und mehr eigen glauben,
wie sie sich besseren Kampf erlauben,
um zu gewinnen und zu siegen
und auch zu sparen sich das Lieben.

137
WIR SOLLTEN KEINE SCHULDIGEN SUCHEN

Wir sollten keine Schuldigen suchen
und damit nicht die Welt verfluchen,
doch Fragen stellen und entspannt
dem Nächsten reichen eine Hand.

Wir sollten nicht die Welt verklagen,
doch vielmehr weitere Fragen wagen,
gemeinsam zu erhellen suchen
warum so manche andere fluchen.

Was zeigt sich so durch jene Fragen,
die Stille damit uns befragen,
da doch die Frage uns lässt schauen,
wie wir manch Antwort daraus trauen.

Und Antwort bald sich selber stirbt,
wenn jenes Fragen nicht verdirbt
Charakter durch der Antwort Wert,
der damit rasch erscheint verkehrt.

138
ERKENNTLICHKEIT

Was ist die Schuld? Was ist die Strafe?
Der kleine Weg dahin ist simple Furcht.
Der große Weg dort raus klingt als die Harfe
stillschweigender Erkenntlichkeit.

139
Soll dich die Politik ertragen

Soll dich die Politik ertragen
auf Händen, weil du ihr willst sagen,
was sie soll tun, dich zu verstehen,
damit du kannst allmächtig gehen?

Die Politik muss nicht verstehen,
doch du musst vielmehr selber sehen,
was du verstehst von Welt und dir,
verlässlich und im guten Wir.

Doch wenn du schlecht ergriffen bist
und doch das Gute noch vermisst,
dann könnt' es sein, du weißt noch nicht,
wo Gutes liegt und zeigt sich licht.

Nicht andre müssen für dich sehen,
doch du musst dich genau verstehen,
warum, wieso, wie es so ist
im Leben, wo nur du Du-Bist.

Das mächtige Volk, das irrende,
das kleine, große, schwirrende,
bist du, was du musst wirklich sehen,
wo Klarheit wirst du klar verstehen.

Und wenn du dich an Mächtige hängst,
an Lippen und an Phrasen klemmst,
dann wird es übel werden wieder
mit Singen all der braunen Lieder.

Wenn du dies wölltest, wird es sein,
dass wieder ward dir Sonnenschein
von einem, der die Lügen spitzte
und selber sich in Arme ritzte.

Du bist ein Armer dann, ein Leider,
ein Mensch, der sucht nicht und nicht weiter

und glaubt in Schuld, die einer spritzt
den Sinn zu finden, der gewitzt.

Doch ist's infam und obendrein
auch dreist, da es zeugt eine Schein-
gewichtigkeit und dröge Hetze,
die einer eitel aus sich schwätze.

Entferne dich von solchen Krummen,
die dich nicht achten, doch verdummen,
da sie dich vergewaltigen
im Herzen für den baldigen

recht großen Niedergang der Zeit
und unaussprechlicheren Neid,
den sie schon diagnostisch meinen
und sich daher recht schnoddrig einen.

Doch musst du schauen nach dem Wahren,
dem Sinn in Fragen, die aufklaren
das Leid des Menschen, sein Verstecken,
verbrecherisch dich hinzustrecken.

Und wenn du echt verstehen kannst
den Sinn des Wahren, den du fandst,
kann sein es, dass im Irrtum du
dennoch verharrst im dunklen Nu.

Denn alle Worte sind zu deuten
auch falsch und können klar vergeuden,
was gut gemeint und freundschaftlich,
was Frieden will, auch heimatlich.

Entspann dich friedlich, nehm es ernst,
was du von Klügeren gut lernst
und nimm zurück dich, Fragen stellend,
und all das Gute uns erhellend.

140
O WIE WAHR SIND WEISE WORTE

O wie wahr sind weise Worte,
wenn verstehen wir sie schon.
Andernfalls sind sie vom Orte,
wo der Pubs nur wird ihr Lohn.
Wer erhört den Duft der Zeit,
der auch schmeckt des Irrtums Leid
und wird Fragen zu ihm stellen,
da er will die Zeit erhellen. –
Manche aber ewig duften
mit der Lüge aus den Gruften.

141
WER AUF FRAGEN VERZICHTET

Wer auf Fragen verzichtet
hat die Welt bald vernichtet.
Wer der Antwort nur lauscht
hat sie bald aufgebauscht
zum Dogma, zur Phrase
zur irrigen Emphase.

142
FRAGEN UND FREIHEIT

Fragen stellen, Fragen lauschen,
Antwort soll sich nicht aufbauschen.
Geradeaus, die Kurven nehmen
und sich geistig nicht bequemen.
Freiheit finden, jene Neue,
der das Herz auch hält die Treue.
Antwort finden, welch ein Wunder,
neue Fragen, stetig munter.
Was wird sein, wo geht es ihn?
Das allein erkennt der Sinn.

143
Sie drücken wieder

Sie drücken wieder an den Knöpfen
und holen manche aus den Töpfen
des Sauerbreis und Desinteresses,
du glaubst es kaum, sie wirklich fressen's
und puschen auf und quirrlen eifrig,
doch deren geistige Hand ist eitrig,
da sie die Töne spuckend schöpfen
um bald drauf andere zu köpfen!

144
Wer stetig an den Brücken baut

Wer stetig an den Brücken baut,
weiß, wie man, trotz der Kluft, vertraut,
dem Sinn, die Ferne zu beschließen,
um Freiheit, Frieden zu genießen.
Die andern, die uns Gräben ziehen,
ersuchen dem Vertrauen zu fliehen
und meinen, dass sie es schon hätten,
da sie die Welt so wollten retten.
Wer Gräben aber überwindet,
sucht weiter Wege und verbindet.

145
Das Volk und die Stufen

Das Volk hat eine große Hand,
auf der viel Platz für jeden ist.
Dies gilt uns für ein jedes Land,
wenn auch der Staat dies nicht vergisst.

Das Volk dient jenem Menschheit Wohle,
der Erde, die erblüht mit ihm.
Das Gut und Böse sind die Pole,
dazwischen Stufensinn sublim.

146
Das grosse Schweigen ist schon lange

Das große Schweigen ist schon lange
geraten nicht bei jenen Wirren,
die ordnen nicht, doch machen Bange –
drum lasst uns nicht daran beirren:
Gerade bleiben, aufrecht, sinnig,
Entschiedenheit wird dann auch stimmig,
all jene, die Vertrauen setzt
und demokratisch sich vernetzt.
Und holt die Leute aus den Wolken,
die solchen Wirren wirr noch folgen.

147
Poetische Sentenz 1 –
Zur Aktualität der Zeit

Wo Menschen suchen nach dem Sieg,
die Welt zu regeln und zu leiten,
da zeigt sich heute bald der Dieb
der Täuschung, ob der Menschen Leiden;
sie sehen nicht das eigene Leid
der wirren Führer durch die Zeit.

148
Poetische Sentenz 2 –
Zur Aktualität der Zeit

Gib acht, o Freund und Freundin, sehr,
die Zeit wurd wirr und bissig schon
durch jene, die schon schuldig mehr
und wagen dreist den giftigen Ton,
um ihre Flucht (vor dem Vertrauen)
im reinen Land – an dir – zu schauen.

149
Poetische Sentenz 3 – Zur Aktualität der Zeit

Such Sinn und Klarheit in der Frage
nach dem Vertrauen in kluges Wort
und stelle eine weitere Frage
nach dem Misstraun und jenem Mord
an Wahrheit, wenn sie kaum gewinnt
das Herz zu öffnen und beginnt.

150
Poetische Sentenz 4 – Zur Aktualität der Zeit

Wie kam es wohl, dass sie nun wieder
gesättigt und verfressen gehen
und auch manch Volk verführen bieder,
da sie nun im Misstrauen stehen?
Wie kam es wohl zu der Verschwörung
der Kleinen hin für die Empörung?

151
Poetische Sentenz 5 – Zur Aktualität der Zeit

Bekämpfen lässt sich nicht mit Worten,
was stets den Worten sich entzieht,
es hilft hier nur das Dezimieren,
wovor das Wort viel leichter flieht,
weil groß es an das Märchen glaubt,
dass dieser Wolf das Schaf *nicht* raubt.

152
Poetische Sentenz 6 –
Zur Aktualität der Zeit

Wo manche noch nicht klar erschauen,
was andere lügend von sich geben
und täuschend säen das Misstrauen,
da sie den Sinn noch nicht bewegen,
da leiden sie vereint und willig
und zeugen Leiden krass und billig.

153
Poetische Sentenz 7 –
Zur Aktualität der Zeit

Ein gutes Buch, das klug berichtet,
das Fragen stellt und auch belichtet,
zeigt Freundschaft mit Aufrichtigkeit,
da Schreiben, still, zeugt Wichtigkeit
und Achtsamkeit im Denken.

Wer daher will ein Buch sich schenken,
soll suchen nach der Seele Fragen
und dann auch sich die Zeit frei tragen
zur Muße und für das Bedenken
um nicht sich vom Sinn abzulenken
durch Unruh mancher wirren Leute,
die keine Bücher lesen heute.

154
Poetische Sentenz 8 –
Zur Aktualität der Zeit

Es bleibt heut zu hoffen, dass üble Gesellen
in unserem Land nun wieder verschwinden
aus jenen Gazetten und auch aus den Wellen
sozialer Medien, wo sie uns auch finden.
Wir finden gerade, Millionen das meinen,
dass jene Gesellen wir sollten verneinen.

155
WACH AUF, GERECHTIGKEIT!

Sie sagen dir, es gäbe nicht
Gerechtigkeit, sagt so ein Wicht.
Und hupt dich von der Straße weg,
da obdachlos du liegst im Dreck.
Wie lange willst du jenen glauben,
die uns Gerechtigkeiten rauben?
Wie lange sagst du Ja und Amen
zu einem, der verfehlt Erbarmen?
Wach auf und prüfe andrer Denken,
das eitel stiehlt dir das Bedenken.

156
DIE LÜGE, DIE SICH NICHT FÜGE

Sie sagen dir, dass ihre Lüge,
die sie verkünden sich nicht füge
der Wahrheit, die du ihnen nennst,
da du die Fakten wirklich kennst.
Und siehst ernüchternd, dass sie irren
und sorgen bald für jene Wirren
der Kriege, Ungerechtigkeit,
der Hiebe und unmenschlich Leid.
Du bist gefordert sie zu rügen,
damit sie heute nicht mehr lügen
und morgen nicht Verbrechern folgen,
was sie dann alles gar nicht wollten.

157
ES GÄB' SIE NICHT

Sie sagen dir, es gäb' sie nicht,
die Wahrheit hier aus deiner Sicht,
obwohl du doch genau es siehst
und nicht, wie sie, den Fragen fliehst.
So siehst du deren eitles Irren
und jenes Potenzial für Wirren.

158
KONSTRUKTIVER REALISMUS

Sie sagen dir, du guter Freund,
es wäre schlecht um uns bestellt
und nennen dies und nennen das,
weil dies sei so der ganzen Welt.

Du hörst gut zu und lässt es stehen,
entscheidest nicht in ihrem Sinn,
denn du wirst wirklich gut verstehen,
dein Herz vertraut deinem Ich-Bin.

Du sagst nicht Ja und auch nicht Nein,
empörst dich nicht gemäß der Zeit,
doch wirst du frei im Geiste sein
und schaust das Irren und das Leid.

Nicht Dummkopf sind sie so für dich,
doch jene, denen Trauer fehlte,
denn sie begreifen nicht den Stich,
wenn der so schlecht die Welt erzählte.

Du siehst den Glanz und auch das Blühen
der Frohnatur, die um uns ist,
spürst in dir drin freies Bemühen,
weil du doch auch schon fröhlich bist.

Du siehst das Dunkel jener Klagen,
die Unglück sind und davon reden
und die auch keine Fragen wagen,
weil sie noch nicht im Leben leben.

Sie sagen dir, du guter Mensch,
der Mensch sei schlechter als du meinst
und wenn du's glaubst, dann wirst du sehen,
wie sie dich quälen bis du weinst.

So glaub es nicht, was sie erzählen
und nimm dein Herz in eigene Hand,

sei Frau und Herr auch im Erwählen
des Klugen in der Wahrheit Land.

159
WAS WIR TUN KÖNNEN

Du fragst, was wir hier tun noch können
und ich sag dir: Bleib bei der Wahrheit.
Denn wenn wir nicht mehr Wahrheit können,
dann dort gewinnt nur jene Narrheit,
die Fragen ignoriert und unterbuttert,
die Stimmung macht, emotionalisiert,
die satt ist und doch gierig futtert,
was sich zum Hass kanalisiert.
Drum suche sie und bleibe da,
bei jener Wahrheit, die stets ist,
und prüfe sie, wenn einer nah
an einem Zweifel sie vergisst.

160
SCHAU MAL AN

Schau mal an, wie sie sich zieren
und schon jetzt den Kampf verlieren,
keine Position beziehen
und dem Wort der Wahrheit fliehen,
da doch nichtig sei das Hetzen,
drum sie auf Faschisten setzen. –
Doch die Hetze führt ins Grab,
weil sie sich zum Krieg begab
und uns stets Vertrauen verdarb.

161
LASS DICH NICHT BITTEN

Trage die Freude und auch jenen Ernst, lebendig inmitten
die Menschen und Menge des Heute – und lass dich nicht bitten.

162
ÜBER DIE SOZIALEN MEDIEN

Du tauche nun bald wieder auf
aus den sozialen Medien,
denn es muss uns der Lebenslauf
von Enge sich entledigen.

Nimm dir das Sachbuch zur Lektüre
aus jener Vielfalt klugen Sicht
und lies vom Leben, das dich führe
in ein dir geistig frohes Licht.

Denn auch das Herz wird dabei warm
und recht lebendig, aufgeweckt;
die Enge zeigt sich uns als arm
und vor sich selber noch versteckt.

So tauche auf du aus der Enge,
erstrecke dich zur Weite hin,
denn jene Enge führt zur Strenge,
wo man dir stiehlt den Lebenssinn.

163
ÖFFNE DIR DIE AUGEN SELBST

Öffne dir die Augen selbst,
lass nicht blenden dich vom Schein
andrer Worte, die du stellst
über einen Sinn allein,
der verborgen, nicht bewusst,
nicht verständig, ist ein Frust.
Breche nicht das Fragen ab
suche, finde, schließ' nicht ab
Freiheit und die Chance Vertrauen
euch gemeinsam bald zu schauen.

164
Der Brei und der Schrei

Sie reden am Ende zu viel um den Brei,
Obwohl es auch wichtig und richtig sei.
Doch wenn sie dann siegen
Und uns nicht mehr lieben,
Bleibt übrig ein stummer und grausamer Schrei.

165
Klarheit und Hetze

Wem klare Worte für die Argumente fehlen,
der wird sich Hetze bald nicht mehr verhehlen.

Wem klare Worte für die Argumente zählen,
wird sicher entgegen den Faschisten sich stählen.

166
Die Weils der Details

Es sei genannt, wer will es hören?
Den Mensch bedrohen die Details.
Die einen werden sich verschwören,
doch kaum ein Mensch fragt nach den Weils.

Sie glauben alle schon zu wissen
und zu verstehen komplexen Sinn.
Wo kaum ein Mensch prüft sein Gewissen,
da suchen sie nur nach Gewinn.

167
Trage das Wissen

Trage das Wissen, das wirklich ein Wissen und keine Schimäre,
nicht Täuschung und Scherz, doch Wahrheit und Fakt, das erkläre,
wie sinnig es ist das Leben zu lieben und jenes Gelingen
des Blühen, Gedeihen, Säen und Ernten, des Suchens und Findens,
damit wir noch lange im Leben die fröhlichen Lieder singen.

168
ÜBER DIE MÄRTYRER-PHANTASIE

Wer wollte dem Hetzer das Opfer abnehmen
und glauben, er könne sich damit bequemen?
Und Märtyrer werden?
Und uns es verderben,
da er uns ersuchte stets zu beschämen?

Wer will lieber klar die Hetzer benennen
und wissen, was diese heut noch verkennen?
Die Demokratie!
Das Wissen auch, wie
wir sachlich die Werte dieser erkennen!

Die Wähler der Hetzer sind irrational,
wie auch jeder Hetzer bei jener Wahl.
Was also Märtyrer
ist nur ein Verführer
in Richtung einer viel größeren Qual.

Nicht täuschen uns daher an Emotionen,
sie werden das Falsche gewiss meist betonen,
den Hetzer, Verletzer,
den Schwätzer, Verpetzer
von Demokratien, die sonst sich doch lohnen.

169
DIE WURZEL

So manche der Leute gern täuschen ob Beute
in Aussicht zur Macht, die ihnen dann lacht,
da sie mit der Schuld spielen und daher auch zielen
auf Unschuld und sachliche Deutung der vielen.
Nicht rational sind sie verdorben im Geiste,
was deren Gehetze sich dreist damit leiste,
um selber sich nie mehr im Spiegel zu schauen
und damit dem Gegner zu zeigen Misstrauen,
das *in ihnen* wurzelt – worauf sie dann bauen.

170
Du Freund und Freundin

Du Freund und Freundin, komme nun,
nimm froh die Hand von Sinn und Traum
zu deinem Herz hin, wo dir ruhen
die Last und jener Worte Schaum
die Schuldbezichtigung zu tun.

Schau hin, der Eitle wirft die Schuld
ja nicht zu Boden, doch ins Haar
des Menschen, der bald geht in Huld
und stellt die Frage, was ist wahr
und gut und schön, auch mit Geduld.

So tu es nicht, wie diese Schuld,
bleib klar und werde klarer stets
bis klar hinauf zu jenem Pult
des Menschen Frage: „Freund, wie geht's?
Wirst du befrieden den Tumult?"

Du Freund und Freundin, schaue klar,
so gut es geht, erkenne frei
den Sinn der Freude, Leben wahr
und lichte, was der Schatten sei,
damit ich dich mir spüre nah.

171
Nun deutlich wir sollten

Nun deutlich wir sollten die Welten betrachten,
in denen das Krude und Andre dort herrsche,
da dort sie noch Leben und Menschen verachten
und schlagen die Trommeln der strengeren Märsche.

Der Denker der zeitlos durchdringenden Zeiten,
wird wirken die Welten uns menschlich zu wollen,
um auch sie zu lindern und heilen die Leiden
und nicht um dem Nachbarn noch eitel zu grollen.

172
ÜBER DIE KOMMUNIKATION MIT EINEM MANIPULATEUR

Wir kamen ins Gespräch und tauschten Worte
und Sätze, die vermeinten schon zu wissen.
Doch meine Sicht verglühte an den Orten,
wo er schon fand ein reineres Gewissen.

Denn meine Worte fielen ihm, wie Sand,
durch jenes grobe Sieb ins All hinein.
Und da er mir nicht reichte eine Hand,
fand jeder nur den Sinn für sich allein.

Wo war das Fragen? Wo das freie Lassen?
Wie konnten wir gemeinsam nicht bestehen?
Entglitten ward er, ohne zu erfassen,
da er voraus mir ging mit dem Verstehen.

Denn mein Verstehen hier, verstand er schon,
wie ich es nicht verstand und widersprach,
er stellte keine Frage und sein Ton
am Ende kam zurück zum Ungemach:

Erneut er nannte mir die schlechte Welt
und dass er denke, dies sei das Problem,
um zu betonen, dass die rechte Welt
sei ihm, wie er verstehe, mehr genehm.

Ich spürte und auch sah die seine Weise,
als den Versuch, mit heilger Ignoranz,
nur mit dem Wort erhörendem Verweise
dem Widerspruch zu fliehen durch seinen Tanz.

Denn er auch ignorierte meine Fragen
nach dem Gewissen, das ihn laufen ließ,
er wollte keine dieser Fragen wagen,
worauf sein Dringen auf sein Ding verwieß.

Er zog es durch und wollte überzeugen,
doch nahm den Sinn nicht auf zu verstehen,

was ich ihm bot und wollte zu ihm beugen,
da er die Fragen nicht mehr konnte sehen.

Er ging von allen Fragen aus und meinte,
dass sein die eine Lösung sei für all',
er war recht rigoros und nah dem Feinde
der Vielfalt und Natur, auf jeden Fall.

So tanzten wir einmal in jenem Kreise,
wo nur der eine schaut lebendigen Sinn
und wo dem anderen bleibt viel zu leise
das Fragen offen für Vertrauen-Gewinn.

Erklären Unklarheiten war sein Sinn,
doch war es auch ein stramm Marschieren,
das suchte Stimme und des Heils Gewinn,
doch konnte er die Augenhöhe nicht kapieren.

Wir blieben liegen auf der Strecke noch,
er stellte keine Frage je an mich,
sein Sinn war Dies und Das und jenes Doch,
das auch verstand zu ziehen den Abschlussstrich.

173
DIE MASCHE

Die Masche, so einfach, wie simpel, ist dreist:
„Sag Nein und verneine, egal, was da komme,
brich Wille und Haltung durch jegliches Wort!
Damit uns die Welt demokratisch verkomme,
denn Anstand ist Dreck und gut ist der Mord."

Die Haltung, so dreist, wie verbrecherisch auch,
will töten und Kriege und Macht demonstrieren.
Doch solchen Verbrechern wird niemals der Brauch
der Freiheit, des Glücks und Vertrauen kapieren,
da ihnen die *Feigheit* vor Wahrheit ist auch.

174
Über das dunkle Herbeireden

Er redete herbei, was er nicht will
und sprach von dem Gelingen dunkler Zeit. –
Darauf war ich eine Minute still
und sagte ihm, wir lebten in dem Leid
das Dunkle zu hofieren, selbstverliebt:
da jede Furcht sich diesem Kampf ergibt.

Er schwieg darauf und lenkte sich rasch ab,
doch seine Augen schauten in das Leid
nicht nur an sich, betroffen von der Zeit
des Dunklen in den Herzen jeden Tag. –
So gingen wir und sacht auch ins Vertrauen
und konnten bald gemeinsam Sinn erschauen.

175
Die Leidenschaft erneut

Die Leidenschaft nicht Leiden schafft,
doch konstruktiv im Leiden schafft,
was andrer, ohne Leidenschaft,
nicht schafft, da dieser Leiden schafft.

176
Glaubt den Rechten nicht

Glaubt Faschisten die Krawatten nicht,
das weiße Hemd nicht und nicht das Jackett.
In dem Strahl des CORRECTIVEN Licht
zeigt sich, braun, Verbrechen, dreist und fett.
Wer da Wähler wäre noch von solchen,
leider auch gehörte zu den Strolchen.

177
ÜBER DIE FREIE MEINUNG – EIN GESPRÄCH

Ja, was ist wohl eine Meinung,
eine Meinung, die ist frei?
Und wie hört sich an die Meinung,
die nicht wirklich ist schon frei?
Denn grad diese Unterscheidung
zeigt verständig, was dann sei.

Denk, sie liegt in der Erscheinung,
dass sie mir auch willig sei?
Willig auch für die Verneinung,
da die andre Meinung Schrei
und auch Gift sei, da Verkeimung
von Gefühlen deren sei?

Ja, Du meinst eine Verleidung
von dem Anstand jener drei,
dem Vertrauen, der Bereitung
von Respekt, was menschlich sei?

Ja, gewiss auch die Verteidigung
jener Freiheit Herz, das sei,
für Vermeidung der Beleidigung
jener Freiheit, die ist frei.
Denn nur Schreie einer Meinung
sind nicht frei, nur weil sie sei,
denn sie will nur jene Scheidung
vom Respekt, der nötig sei.

Ich verstehe die Verkleidung
mancher Meinung als ein Schrei
jenes Übels der Vertreibung
einer Wahrheit, die ihr sei.

Was nur wäre hier Verteilung
der Gerechtigkeit dabei?
Denn das Übel auch Verneinung

hier hofiert mit seinem Schrei.

Und was wäre eine Meinung,
die erforschte, was sie sei?
Ja worin wohl liegt die Reibung
jenes Geistes, der im Schrei?

Und der leide an Beneidung
einer Wahrheit, die schon frei?
Weil er selber nicht die Zeitung
der Unwahrheit sieht als Brei?

Dies sind Fragen, die Verzeihung
vorbereiten und dabei
jenes lehren für die Zeitung
guter Wahrheit Schreiberei.

Einig sind wir einer Meinung:
nicht ist Wahrheit einerlei.

Ja, Respekt, Vertrauen, Einung
auf das Menschliche der Drei:
Wahres, Schönes, Gutes, Wahrung
von der Sachlichkeit, die sei.
Denn der Unwahrheit ist Nahrung
jener Trotz des eigenen Schrei.

So ist's immer schon gewesen,
wenn so manche Wahrheit nicht
ehrend und erforschend lesen;
dann wird daraus nur ein Wicht.

Und die Meinung ist dann keine,
weil sie nicht an sich erscheine,
doch auf Trotz ist nur erpicht,
weil sie in die Wahrheit sticht,
die sie, leider, echt alleine,
hat erkannt im Geist noch nicht.

Und damit ich selbst nicht weine,

werd ich stoppen diesen Wicht,
damit bin ich nicht alleine,
denn wir sprechen das Gericht.

Ja, dies leider scheint vonnöten,
da das Edle bleibe wahr
und wird notfalls nicht erröten,
zu begrenzen Wicht und Narr.

178
Es gibt die Wahrheit

Es gibt die Wahrheit, Freund und Freundin, sehr,
da wir doch sind – und dies ist wunderbar!
Was wäre daran nur, für dich und mich, so schwer,
dass einer meinte, jene Wahrheit sei so leer?
Ist doch die Wahrheit hier und jetzt pulsierend,
dass du und ich hier miteinander frei berühren
den Sinn des Tages und der Nächte auch Verführen,
weil uns die Freude froh und frisch vereint.

179
Es gibt der Wahrheit einige

Nicht gibt es nur das eine Ding des wahren Sinns,
es gibt gar viele schon, die viel von Wahrheit halten,
doch ist sie absolut und relativ und auch in Stufen
und wird sich zeigen dir durch seelisches Berufen.
Erlausche daher dir die eigene Seele und den Sinn
des frohen Lebens, das die Plage auch erträgt
und dass nicht ohne Lohn und mäßigem Gewinn
stets neue Wahrheit sucht, die dir dein Herz erfrägt.

180
Stell die Fragen

Stell die Fragen, um die Wahrheit zu erfahren,
Antwort wirst du hören, finden und erkennen,
wenn sich Fragen dir auch wirklich klar gewahren.

181
Na(r)zissten

Die krud unsensiblen Na(r)zissten,
die wir grade noch hier vermissten,
verbrechen das Leben,
da sie nicht bewegen
den Sinn, auf den sie auch pissten.

182
Die Masche eines Negierenden

Er negierte, was ich sagte,
spiegelnd ihm sein hartes Wort:
Er negierte, was ich fragte
und beging an sich den Mord.

Er kapierte nicht die Frage,
nicht das Wort, das sucht Vertrauen.
Er kapierte nur die Klage
hart im Wort, das sucht das Grauen,

inszenierte sich als Rage,
als ein Kämpfer in dem Leid
mit dem Worte für die Gage
des Misstrauens der heutigen Zeit.

Eine Frage war ihm nicht
von dem Wert, der sucht Vertrauen.
Leider war er nur erpicht
auf den Kampf verbal zu hauen.

183
Lande am Punkt

Lande genau mit der Frage am Punkt der Essenz,
höre genau jenen Sinn, der frei sich ergibt
dir zu dienen und froh jene Wahrheit und Vehemenz
inniger Freude zu teilen, da der Augenblick liebt.

184
SINN, VERTRAUEN, MENSCHLICHKEIT

Lass uns, Freund und Freundin, ehren:
Sinn, Vertrauen, Menschlichkeit,
jene Haltung nicht verwehren
ob des Lebens Endlichkeit.

Allzu leicht wird dies zerrüttet,
allzu fein in Schmutz gezogen.
Doch wer ist dabei erschüttert
sieht im Herz den großen Bogen.

Geh den Bogen deiner Seele
rauf zum edlen Sinn der Zeit,
dabei dich die Liebe wähle
frei zu lindern unser Leid.

Schau, der Kampf für noch so Edles,
findet in der Seele statt,
Fragen, Frieden, Sinn, du wähl' es
und nicht Aggressionen satt.

Komm mit uns, dem Lebensmut,
schau wer zu viel Mundwerk wagt.
Und wem ist nur wenig gut:
dem das Leid im Geiste klagt.

Schau und spüre in der Seele,
was den guten Menschen macht.
Du, besonnen, frei nicht wähle
jenen falschen Stolz der Pracht.

Trotz ist keine gute Wahl,
Schuldbezichtigung noch nie.
Schaue klar den Wert des Saals
unserer Demokratie.

185
SCHAU AUF IN JENEN WEITEN RAUM

Schau auf in jenen weiten Raum
der Zeit und der Unendlichkeit,
du findest darin jenen Traum
des Rechtes und Verständigkeit.

Wo, wenn nicht dort, ist es zu schauen,
was Freiheit meint, Gerechtigkeit?
Wann findest du somit Vertrauen
und nicht das Leid der Schlechtigkeit?

So schlecht ist nicht, die unsere Welt,
glaub nicht den Schlechten, die nicht schauen
den guten Sinn, fast-ewigen Held
von wahrem, gutem, schönem Trauen.

Sieh einen Lügner als den Lügner,
dem mangelt noch der klare Blick,
dies ist der Mayer, Schmidt und Hübner,
die nutzten geistig einen Trick.

So fall' nicht rein auf jene Schlichen
von dem Gefühl, der Emotion;
die Schuld ist nur nicht dem gewichen,
der mit der Lüge sucht den Lohn.

Denn jener, der die Lüge schaut,
wird korrigieren sich bestimmt,
wenn er der Zeit, dem All vertraut,
dem Sinn, dass Wahrheit uns gewinnt.

Doch wenn gestoppt nicht Lüge wird,
wird Feindschaft uns nur zementiert.
Und wer recht klar der Lüge stirbt,
der nicht nach weiterer Lüge giert.

Du wirst erschauen die Worte derer,
die Lüge nutzen, rücksichtslos,

drum wurd es uns auch immer schwerer
den Sinn zu sehn, der edel, groß.

In Lügenwelten ist kein Platz
für Glück und Achtung, sei gefasst
und halt die Hände deines Schatz
der Liebe, die sich selbst nicht hasst.

186
WAS SIND DIE FRAGEN?

Was sind die Fragen, die zu stellen?
Wer kann manch Wahrheit nun erhellen?
Wer mag im Dunkeln bleiben nur?
Und daher geistig eitel, stur?

Ein Leben scheint nicht auszureichen,
um uns gerecht die Welt zu eichen –
und menschlich, im Vertrauen, Frieden.
Doch wer beginnt mit mir zu lieben?

Denn wer beginnt sich selbst zu lieben,
wird klarer schauen, was ist Frieden
und Freude der Gerechtigkeit
mit unsrer Eigenmächtigkeit.

Und nicht in Schlechtigkeit, doch mehr
in dem Bewusstsein, es ist schwer
den Frieden immer gut zu wahren.
Das gilt im Fernen und im Nahen.

Was sind die Fragen, die erscheinen?
Wer kann sie selber schon vereinen?
Mit Menschlichkeit, die forschend sucht
und nicht dem Nächsten – Feindschaft flucht?

187
Manche Leute glauben gerne

Manche Leute glauben gerne,
da sie jener Wahrheit ferne,
dass die guten Menschen lögen
und die Welt damit betrögen.

Doch sie haben nicht bedacht,
dass den Guten Leben lacht,
diese also Wahrheit kennen,
die manch Menschen noch verkennen.

Manche Menschen werden lügen
und sich nicht der Wahrheit fügen,
da sie selber lügen eifrig,
meist zuweilen auch weitschweifig.

Wer am eigenen Lügen leidet,
irrt, da er durch sie verkleidet
Wahrheit und die gute Sicht,
Freude an dem klaren Licht.

Er und sie, sie werden klagen,
anderen Lügen unterschlagen,
absichtsvoll, um ihn zu trügen,
da er meint, dass sie hier lügen.

Doch es ist der Unbewusste,
der mit eitlem Jammer-Fruste,
der recht lügt und glaubt sich nicht
und auf Lüge legt Gewicht.

Schuldbezichtigen sie werden,
Strafen schaffen und verderben
das Vertrauen, Anstand, Menschen,
edle Wahrheit auch bekämpfen. –

Sucht das Klare, Wahre, Schöne,
sucht das Gute und die Töne

voll der Ruhe, Menschlichkeit –,
sonst regiert Unmenschlichkeit.

188
ALL DER TROMMLER WEGE

Als sie begannen zu bezichtigen,
die Schuld und jenen Schmutz andichten,
da wollten sie nicht sich berichtigen,
dass sie sich ungerecht gewichten.

Dann trommelten die Wichtigen
von Lüge jener, die korrekt
und nicht mit Schuld bezichtigen,
und eskalierten sich versteckt.

Das Fell, das angeschlagen wurde,
schwang mit im lauten Ton,
und wehe einer hier nicht spurte,
Gewalt ihm drohte, voll des Hohn.

Man muss die Stöcke jenen nehmen,
die Trommler sind und mit Gewalt
wolln jede kluge Sicht beschämen:
denn sonst marschieren sie hier bald.

189
FRAGE DIE WELT

Frage die Welt, warum sie so kämpfe und leide,
sage der Welt, wenn du selber nicht kämpfen mehr willst,
dass die Klage ein Leid und zu wenig an Trauer erleide,
ihr ist Furcht vor dem Tod und du ihr auch nicht mehr hilfst,
da ein Sterben dir ist, von Furcht vor dem gähnenden All.

Frage dich selbst, wie du tragen kannst eigenes Leid,
lindern es wirst, durch die Kraft deines eigenen Schauen
auf den Sinn jeder Zeit, die nie mehr vortäuschen wird Neid,
jenes Recht aber sehen und vereint mit stimmigem Vertrauen,
deine Liebe wird ehren, und die Würde sei immer der Fall.

190
Nicht rational sind manche Leute

Nicht rational sind manche Leute,
wenn sie nach Gründen dafür suchen,
dass andere, in der Menge, jenen fluchen,
die niemals suchten nach der Beute.

Irrational sie unterstellen
dem Sinnigen die falsche Macht
und werden dabei eitel bellen
ob dessen angenommenen Pracht.

Auch Journalisten, manche nur,
behauen diesen Narrativ,
sie glauben an die blutige Spur
des Edlen, der sei tief.

Doch haben sie noch nicht erkannt,
was die Faschisten alle eint:
die sind Verbrechern klar verwandt,
auch wenn es anfangs nicht so scheint.

So lasse blenden nicht dich hier
von all dem Peitschen kruden Geists,
denn der will Fressen nur und Bier
und auch das „Schnitzel", das beweist's.

191
Heute hast du's in der Hand

Heute hast du's in der Hand und trägst es frei mit dir,
suchst dir dein einziges Land und wägst es für das Wir
der ganzen Welt, der Erde Schutz und auch des Sinns
zur Freude hin für jenen Kampf, der keiner mehr dir ward. –
So trage froh die Zeit nicht nur an deiner eigenen Uhr,
doch spiel die Melodien der Wahrheit Moll und Dur.

192
Damals und heute

Er hat geschrien, vor 90 Jahren,
ins Radio und Mikrophon.
Da meinten sich viele im Klaren:
Mit diesem gibt es endlich Lohn.

Doch es kam anders, es kam bitter,
der Terror bald hat dich ermordet,
es wurd Verbrechen und Gewitter,
das jener hatte damals geordert.

*

Durchschaue heut Gewöhnlichkeit,
das „Schnitzel" und den Bernd,
denn dessen Ungewöhnlichkeit,
gewöhnt sich an das, was entfernt.

Und nicht vereint und Klarheit spricht,
nicht Fragen stellt und vielmehr hetzt.
Ich sage, Freund, das ist der Wicht,
der deine Freude bald verletzt.

193
Die Welt ist manchmal entrückt aus der Zeit

Die Welt ist manchmal entrückt aus der Zeit
und schlägt den vergangenen Takt.
Doch suchst du die Gründe auch in dem Leid
der Menschen, dann spürt sich ein Fakt
des Weh's und der Klage, des Grolls und des Neids,
des Irrtum und Feilschen um Wahrheit und Sinn.
Wenn du dann schon selbst bist befreit deines Leids,
wird Wahrheit dich finden im Herz-Geist und Kinn.

194
Der grosse Mund

Sie haben einen großen Mund erhalten
und suchen nun den großen Geist,
doch werden sie nicht Hände falten
und sind leicht stets im Mund gereizt.

Ihr Mund ist rot und blaubraun auch,
der Himmel und die braune Kacke,
da setzen sie sich in den Brauch,
der mit der Hetze willig backe.

Es ist schon klar, es klappt so nicht,
doch sind sie alle uneinsichtig,
drum sind sie auch kein menschlich Licht,
doch eines nur, das sieht kurzsichtig.

195
Freund und Freundin, sei bewusst

Freund und Freundin, sei bewusst:
Wahrheit schmähen, ignorieren,
mit Misstrauen Wort-Marschieren:
führt in einen großen Frust! –

Mensch, sei klar und achtsam immer:
Mit Faschisten wird's nicht wild,
doch viel mehr Verbrechen, schlimmer:
Deren Kampf zeugt dieses Bild.

196
Freie und unfreie Welt

Freie Welt wird unfrei werden,
wenn Unfreiheit die Wahl gewinnt. –
Freie Welt wird freier werden,
wenn Unfreiheit nicht mitbestimmt. –
Unfrei wird die Welt nur bleiben,
wenn sie lindert *nicht* die Leiden.

197
DIE SCHWEIGENDE MASSE,
SIE SCHWEIGT NIMMER MEHR

Die schweigende Masse trat hin zum Protest,
ging auf und ging ab die Straße entlang,
traf sich an den Plätzen, Millionen ein Fest,
das war für die Freiheit notwendiger Drang.

Die schweigende Masse bekundete frisch
Gesinnung für Frieden und Demokratie,
sie standen im Freien mit Sorge am Tisch,
gemeinsam sie setzten ein Zeichen, wie nie.

Die schweigende Masse nicht schwieg, nimmer mehr,
das ward zu beweisen in folgender Zeit
und würde doch etwas erfordern, was schwer,
doch hindert das Streben für morgiges Leid.

Die schweigende Masse schwieg nicht und war froh,
dass andere nicht schwiegen und sangen
für Demokratie und die Freiheit auch wo
sie meist nur recht schwer zu erlangen.

Die schweigende Masse nun spricht in Kontakt
mit schwankenden Geistern, voll Zweifel und Groll,
damit doch noch werde Vertrauen, und packt
den Sinn einer Welt, eines Lebens, das toll.

*

Die schweigende Masse hat damals geschwiegen,
von jener Gewalt erpresst, blieb sie stumm,
verbale Gewalt missbrauchte ihr Lieben
und wurde gerichtet vom Mundwerk, das krumm.

Die schweigende Masse will heute nicht schweigen,
trotz all des zynischen Wortes der Nacht.
Der helllichte Tag wird dem Lande es zeigen,
wo achtsam auch Liebe und Kluges erwacht.

198
Die Kläger und die Schläger

Es könnte sein, dass jene Kläger,
die uns die Schuld verteilen und misstrauen,
gehören zu den eitlen Schlägern,
ja, denen mangelt noch das Sinn-Vertrauen.

Es könnte sein, dass dies Vertrauen
kein Staat den Leuten jemals gibt
und dass sie vielmehr noch nicht schauen,
wie man sich selber innig liebt.

So mancher wird verächtlich werten
und dem Gesagten Schmutz andichten.
Und mich, sowie meine Gefährten
bestrafen und sogar vernichten.

199
Gewissen oder keines

Was jene tun, ist raffiniert,
verharmlosend und das Gewissen
betrübend, wenn man nicht kapiert,
dass diese es ja noch vermissen.

200
Warum unbequem?

Nicht ist der Bürger unbequem,
wenn er die Fakten ignoriert,
denn ihm ist *Wahrheit* nicht genehm
und hat den Sinn noch nicht kapiert.
Wem unbequem dies nur erscheint,
dem Lüge in den Worten keimt.
Denn wer sich nicht um Wahrheit müht,
gewiss dem schon die Lüge blüht.

201
Von einem gewissen Volk

Er kam und sah die Wahrheit nicht,
die im Gebot der Dichtung lag,
er legte Wert auf kein Gewicht
und fand was Kleines dabei arg.

Er sprach und hat mir abgewertet
den Reim, der so perfekt bestand
und war in einem Groll geerdet,
sodass er auch nicht sah die Hand.

Ich meinte, dass ich gerne lerne
von ihm, der mich belehrt nun hat,
denn da ich, unvollkommen, gerne
hör' anderen zu, zu wissen satt.

Er kam zurück und meinte kurz,
ich solle einfach länger schweigen,
so zweie, drei, vier kurze Jahre,
er konnte mich per se nicht leiden.

Denn zynisch fing die Nähe an,
als er auf meine Texte stieß,
ich fragte ihn, woher er kam
und geistig ihm die Heimat hieß.

Er ließ es offen, nahm das Wort
und hatte nur das Dunkle drauf,
das aktuell zeigt sich am Ort,
wo Würde stößt Gewalt leicht auf.

202
Es kommt nicht in Frage

Es kommt nicht in Frage zu schweigen in Zeiten,
wo krude Gesellen die Lügen hofieren
und Unschuld beschmutzen und Schwache verleiten
den Ungeist der Kruden als Sinn zu kapieren.

203
Irrtum und Licht

Möge der Irrtum belichtet
und Dunkles geschaut in dem Licht,
das niemals verzichtet
auf die Wahrheit der Menschlichkeit Sicht.

204
Über die Verachtung jener

Verachtung ist des kleinen Mannes
und jener kleinen Frau der Sinn,
die glauben, dass nur einer kann es,
mit schlechtem Denken für Gewinn
des Rechtes, das doch Unrecht ist
und noch verkennt des Menschen Sinn,
da sie nicht wissen, was er ist
und wo sich findet kluger Sinn.

Zynismus ist des kleinen Mannes
das Mittel seiner kruden Macht,
die ohne Anstand noch nicht fand es
zu ehren, wie das Leben lacht
für Menschlichkeit und eine Würde,
die Vielfalt hier geordnet ehrt
und nicht verzagt an jener Bürde
des Tages, wo Vertrauen lehrt.

Kommt mit zu dem Vertrauen hin
und freut am Tage euch vereint,
denn wo das Jammern wär' Gewinn,
dort keine Menschlichkeit erscheint.
So traue jenem klugen Rat
Vertrauen in den Mensch zu finden,
damit dir nicht Misstrauen nagt
und bittres Herz lässt dich erblinden.

205
WIE SOLLTEN WIR UNS GLÜCKLICH FINDEN

Wie sollten wir uns glücklich finden,
wenn nicht die Wahrheit unterstützt?
Wie sollten wir uns frei entbinden
von dem, was nicht dem Menschen nützt?
Ist möglich Klugheit und Vertrauen,
um Frieden in dem Geist zu schauen?

Denn wer im Geist nicht friedlich ist,
der greift zur Klage und Zynismen,
er ist sich selber noch vermisst
und sucht verschlagen Mechanismen,
da ihm die Menschlichkeit abhold,
greift er zum Stich und sucht sein Gold.

Wer Glück gefunden in der Zeit
und nicht die Schuld zur Strafe sucht,
der hat verarbeitet sein Leid
und nicht dem anderen geflucht.
Denn er und sie, sie werden wissen,
was andre noch im Herz vermissen:

Es wird das Glück sein und die Liebe,
die sie nicht suchten und verachten;
es wird Vertrauen sein, das bliebe,
da nicht der Geist wird sich umnachten.
Er wird nicht dunkel Denken, eitel,
wie jener Dreiste mit dem Scheitel.[3]

So kommt, ihr Freundinnen und Freunde,
sucht das Vertrauen mit offenem Lächeln,
damit sich nicht der Mensch verleumde,
doch wird vielmehr mit Klugem fächeln.
Seid froh und kritisch, ob der Zeit
und für Vertrauen stets bereit.

206
FREUDE VERSUS SCHULD

Wer Freude sucht und nicht die Schuld des andern,
der wird viel klarer schauen, was es heißt
mit gutem Sinn der Zeit, vertraut, zu wandern,
was jenes kluge Herz mit Geist beweist,
denn er und sie, sie werden Fragen nicht verachten
und all das Leid des Menschen klar beachten.

Wer schuldig spricht, trägt eitlen Groll im Geist,
er wird und sie, sie werden nicht die Freude spüren,
die jeden Augenblick den Frieden hier beweist,
er wird verleitet werden und sich selbst verführen,
dem Kampf und Ungerechtigkeit sich weihen,
da ihn sein Leid noch hindert zu verzeihen.

207
KLAGE VERSUS FREUDE

Klage, mit zynischem Kampf, nicht die Frische des Augenblick an,
wage den Sprung aus der Zeit, wo die Freude ist friedlich und frisch.

208
KLAGE VERSUS SCHÖNHEIT

So manche Klage hat meist nicht im Geist erkannt,
worin die Wahrheit liegt und jenes Argument
des Friedens für ein Wohl und des Vertrauens Land
in jener Welt des freien Sinns, der sich selbst kennt.

Denn Selbsterkenntnis ist der Klage und der Schuld
nicht Freude und nicht Drang den Frieden zu erringen,
da dieser Klage fehlt die Demut und die Huld
für jene Liebe, die das Schöne wird besingen.

209
WENN UNS EIN TRAUM NOCH NICHT VERBINDET

Wenn uns ein Traum, der ewigen Zeit, noch nicht verbindet,
soll uns das Fragen freuen und Offenheit erfüllen,
da wir im ewigen Irren meist noch sind erblindet
und jener Frieden wartet noch uns zu umhüllen.
Wo wir alleine gehen, da steh'n wir bei uns nah
und werden schauen, was sinnig ist und heut schon wahr.

Nun komm, du Freundin und du Freund, getrau dich stets
die Suche nach dem Wert der Zeit nicht zu vergessen
und find heraus, wie Recht und Menschlichkeit entsteht,
da du durch Wahrheit suchst die Liebe zu ermessen.
Komm in die Ruhe jenes stillen Traums der Welt,
so dir und uns die Liebe sei des nötigen Friedens Held.

210
SCHAU GERNE AUF DAS FARBIGE LEBEN

Schau gerne auf das farbige Leben
der Erde und der Welt Kulturen,
wo wir Vertrauen uns auch geben,
da wir schon Liebe hier erfuhren,
wenn wir erfuhren weise, leise
den Sinn der Zeit und ihre Kreise
auf jenem Weg der Wahrheit Spuren,
was Frieden meint, im Herzen.

Drum achte auch auf jenes Scherzen,
das nur verachtet und verwirft
und lacht ob jener dunklen Kerzen,
die sprühen Unsinn und das Gift.
Schau klar den Sinn von dem Vertrauen
und wie sie schuldig sich verhauen,
weil sie noch an sich selber leiden
und quälen andre dann bei Zeiten.

211
Was ist die Wahrheit denn?

Was ist die Wahrheit denn, du Schwankender der Zeit?
Kannst noch nicht klar genug die Worte jener deuten
und jenen Drang verspüren nicht, des feinen Leid,
das all die Irrigen und Dreisten gern ausbeuten?
Was ist die Wahrheit, Freund und Freundin, jeder Zeit?
Bist du für echten Sinn und Frieden auch bereit?

Komm nun hierher, die Klarheit liegt in meinem Wasser,
wenn du das Gift nicht trinkst, das andere ausstreuen,
um dich für Übles zu gewinnen all der Hasser,
die sich der Täuschung weihen und diebisch sich erfreuen,
wenn du die Lüge frisst, und trinkst, das uns verletze,
da du die Beute bist für deren vollen Näpfe.

Glaub, Freund und Freundin, auch nicht mir, du gute Liebe,
doch finde selbst den Weg durch Irrtum und Verstecken,
doch komm heraus dann bald, entlarve jene Diebe,
da keine Wimper zuckt, wenn Wahrheit sie verdrecken.
Die Freude liegt in dir, wenn du die Wahrheit liebst,
dann wird dir Freiheit sein, und du sie jedem gibst.

Doch gib gut acht, was Liebe zu der Liebe meint,
denn sie ist frisch und frei und wird das Dunkel schauen,
das auch an ihr noch ist, da sie auch einmal weint,
wenn ihr die Schuld zu nah, und Herz und Geist misstrauen.
Bleib, um der Wahrheit willen, in deinen eigenen Fragen
und suche sie zu schauen und frische auch zu wagen.

212
Schwanke nicht

Schwanke nicht und spür' den Frieden in
der Wahrheit unserer Menschlichkeit,
die nur in dir, du Freund, ist innen drin,
und widme dich der Endlichkeit,
da wenn du Tod in Demut schaust
du Menschlichkeit in dir vertraust.

213
AN DIE POLITIK: SCHAUT NICHT ZU

Schaut nicht zu, wenn Wähler den Faschismus
wieder wählen, und somit Eskapismus,
Widerstand, dem sinnigen Realismus
klagend und auch vergewaltigend
zeigen, da ihnen noch nicht mit muss,
was Sinn und Menschlichkeit uns meinen.

Drum schaut nicht zu, wenn sie erwählen
den Eitlen, der wird Menschen quälen
und aus dem Lande werfen, deportieren,
dann werden sie es bald kapieren:
Dass wir die Wahl nicht akzeptieren
und Grenzen setzen, die dann zählen.

214
WENN DIE MUSI SPIELT, DANN

Vergesst die Dichter nicht
und nicht die Philosophen,
denn fein ist deren Sicht
und schaut sich in den Strophen
voll Weisheit, wenn sie nicht
zu wenig nur erhoffen
und doch entschieden auch
sind menschlich tief betroffen.
Dann wird Betroffenheit
sich gegen die Besoffenheit
und für die Menschlichkeit
des Menschen engagieren.

215
WORAUF NOCH WARTET IHR?

Lasst Fragen bald auch wieder liegen, wenn ihr entscheiden sollt,
denn wartet ihr auf einen Grund zu lange, kann es daneben gehen.
Habt ihr die Antwort aber schon gefunden,
worauf noch wartet ihr?

216
Lasst die Faschisten nicht mitregieren,

Lasst die Faschisten nicht mitregieren,
sonst haben wir Bürger den Krieg,
denn diese, schuldig, uns infiltrieren
den verlogen totalen Sieg.

Wähle daher nicht solche Gesellen
und mache dich selber zum Meister,
breche Faschisten und deren Wellen,
denn unklug Verderben beweist er.

Nur das Schlechte, Klage, die Schuld,
giftet er Sachlichkeit Schmutz,
hat niemals mit sich selber Geduld,
haut nur großmäulig den Putz.

Wähle Faschisten heute nicht, nie,
dreiste Verbrecher im Land,
suche den Sinn in Demokratie,
gib Vertrauen und ihr deine die Hand.

217
Grosse und kleine Welt

Große Welt wird kleine schänden,
wenn kleine Welt nicht groß sein will. –

Kleine Welt wird große enden,
wenn große Welt noch klein mit Drill. –

Große Welt wird Größe sein,
wenn kleine Welt die Größe hat. –

Kleine Welt wird kleine bleiben,
wenn große Welt nur Größen hat.

218
Entledigt euch

Entledigt euch der AfD,
denn so, wie ich die Klinge seh
wird schärfer deren eitles Hetzen
und haltlos deren Sinn-Verletzen,
was Demokraten sollte sagen:
dass *sie* die Gaulands nun bald „jagen".

219
Die AfD-Protest-Partei

Die AfD-Protest-Partei
kennt nur das eitele Geschrei
um Hölzchen und auch Stöckchen,
sie wollen unters Röckchen
der Frauen, wie schon dazumal
im großen deutschen Reich der Wahl,
wo sich die Männer pissten
an Fronten in die Hosen,
ob dieser hohlen Großen.

Die AfD-Protest-Partei
ist Demokraten einerlei,
von ihnen klar durchschaut
und jenem Volk misstraut,
das dieses AfD-Geschrei
entrückt nun schon hofieren
und noch nicht es kapieren,
dass der Faschismus einerlei
und hat schon ausgedient dabei.

220
Still nicht der Weise

Still nicht der Weise, der Unwahrheit schaut,
denn der Weise wird leise die Formen spenden,
damit wir sie schauen, wie er – und sie wenden.

221
Sie weiss noch nicht

Die AfD, sie weiß noch nicht:
Sie redet Mist mit Scheiß-Gewicht.
Drum müssen wir es sagen
und sie recht fein beklagen,
die Wahrheit an die Nase hängen,
damit sie mit den Schnupfen-Klängen
nicht andre Infizieren,
das müssen die kapieren,
und wir sind deren Anti-Körper.

222
An die AfD-Abgeordneten

Du bilde dir zu viel nicht ein
auf deinen Sieg und deine Wahl
ins Parlament von Land und Bund,
den dir recht ekelhaften Saal.
Du bleibst gewiss ein krummer Hund
und einer den erfreut die Qual
der psychischen Gewalt des Worts,
das führt dich hin zum Sinn des Mords,
den gerne deine Todessucht
begeht allmählich und mit Wucht.

Mach uns nichts vor und dir vor allem,
du bist zu klein für diesen Job,
es zeigt sich ja, dass euer Schwallen
die Unruh liebt mit Tod im Lob.
Wir kennen euch aus neunzig Jahrn
und werden euch zu hindern wissen
dem Land nicht in den Schritt zu fahrn,
um ihm ins Parlament zu pissen.
Seid nun getrost, das Land wird besser,
wir wissen wo es liegt, das Messer.

223
Der Verschwörungserzähler und der schwankende Wähler

Ja, jener ist ein Verschwörungserzähler,
der Wahrheit und Fakten nicht mag
und daher leicht redet auch Quark.
Doch das muss verstehen der schwankende Wähler.

Die anderen Wähler, sie wissen recht gut,
wie dieser die Lüge hofiert,
wie er viel noch gar nicht kapiert.
Denn er ist nur Wolf und riecht Blut.

Das Fressen will er der schwankenden Schafe,
die andere die „Schnitzel" dazu,
die eine sucht auch die Unruh.
Denn sie entstammen der Haltung der Strafe.

Die anderen Wähler, sie können verzeihen
und sachlich, konstruktiv wählen,
von guten Dingen erzählen.
Doch die AfD kann nur speien.

Gehörst du zu jenen schwankenden Wählern,
dann stelle dir offene Fragen
mit Seele und Herz zu erwagen.
Und suche nach Sinn – und nicht nach den Fehlern.

224
Auch schwanke nicht hier

Auch schwanke nicht hier bei solchen Gesellen,
den falschen Propheten der heutigen Zeit,
enttarne die Worte, die Sprache der Grellen,
die planen nichts Gutes, doch eitel das Leid.
Und trachte zur Klarheit und auch guter Sicht
auf jene Narrheit des Großmauls Gewicht.

225
So manche sind in sich verfangen

So manche sind in sich verfangen
und können nicht zum Sinn gelangen
der Werte jener Zeit des Heute
und geben Schuld – und suchen Beute.

So manche sind am Sinn gescheitert,
da man ihr Denken hat vereitert
mit Gift und Galle, AfD:
die täuschen sich bis übern Klee.

Wer sät Misstrauen, erntet Krieg
der Bürger, die den Anstand haben
zu kämpfen gegen jenen Sieg
der Eitlen, die misstrauend klagen.

226
Sei klug

Sei klug, wenn dir ein Hohn-Faschist
die Meinung durch den Magen frisst
und dich mit Worten vergewaltigt,
weil er dir an die Hosen pisst
und Anstand und Respekt vergisst,
dann rede klar, entschieden, sinnig.

Denn nur dann bleibst du stimmig,
bleibst frei und wirst nicht grimmig
dem Hass des kleinen Hohn-Faschisten
nicht folgen und erliegen,
da er nicht weiß, wie lieben,
um klar Gedanken sich zu fassen –
den Luftikuss, den lass alleine hassen.

227
Im Redefluss des Lehrers

Im Redefluss des Lehrers fand
sich Denken für ein dunkles Land,
in dem Faschisten eben machen,
damit die Bürger wieder lachen –
und täuschte sich an den Faschisten,
den Wählern derer, Eskapisten,
da er nicht sah die dunkle Hand
der Dreisten, die am Dasein fristen,
am „Schnitzel" lieber sich verfressen
und die Moral dabei vergessen.

Im Redefluss der Lehrer sah
die Wahrheit nicht der Leute,
dass diese dem Faschismus nah
und damit jener Beute,
den Mensch zu scheuchen und zu „jagen",
damit sein reines Land zu haben,
was niemals realistisch ist.
Er sagt, er wolle dies nicht haben,
so meinte schließlich dieser Lehrer:
Er sei Faschisten kein Verehrer.

228
Die Irrenden

Die Irrenden sich zeigen willig,
recht eitel und verschlagen,
wenn Wirrendem und manchem billig,
wird Wahrheit zugetragen.
Doch da die Wahrheit nicht zu leugnen,
doch ist uns froh zu ehren,
wird sich der Irrende nicht lange
bei uns hier frei bewähren.

229
SCHEINDEBATTEN

Sie führen diese Scheindebatten
mit ihrer Mode der Krawatten,
des Anzugs eines voll Empörten,
des Irrigen und ja: Gestörten,
weil ihnen Schuld die Maske ist,
die sachlichen Respekt vergisst
zu dem noch nie ein Herz sie hatten.

Das Sachliche, nicht ihre Sache,
sucht Sinn und wie man's besser mache.
Doch diese Leute, dunkel denkend
und kein Verständnis andren schenkend,
schon zündeln mit dem dreisten Wort
zehn Jahre falsch an unsrem Ort,
aus dem wir sie verbannen werden.

Der Bogen, nun, ist überspannt
und bricht in unsrem guten Land
die Toleranz für jene Dreisten,
die Lügen sich und Hetze leisten,
sodass' die neuen Saiten nun
millionenfach erklingend tun
die Grenzen klar zu ziehen.

230
ES LEBT DIE GUTE WELT

Es lebt die gute Welt vom Wissen, guter Rede,
von den Debatten und den Bissen, die hier jede
der Positionen, nicht nur Meinungen gern hören,
weil sie der Sache Wahrheit will zu gern erhören,
da doch, du Freund und Freundin, Politik,
sich sollt die Menschlichkeit bestellen, ohne Trick –
und eigentlich sollt nicht zum Laut der Hunde bellen.

231
Wenn jene Grenzen uns erreichen

Wenn jene Grenzen uns erreichen
der Toleranz und des Erduldens,
muss Unverzeihliches nun weichen
und Strafe werden dem Beschulden
durch Dreiste mit den Scheindebatten,
den Hetzern, jenen eitlen Ratten.

Wer dann noch wollte was entschulden,
hat nicht die Grenzen schon begriffen,
da er noch haftet am Gedulden
und im Verstehen sich vergriffen,
das weichgekocht von deren Lügen
wird in die Lügen sich einfügen.

Dies kann niemals geduldet werden
und muss bekämpft und ausgekocht
den Dreisten in den Herzen sterben,
damit wir niemals unterjocht
von jenen, die sich selbst verachten
und uns schon immer Scherben brachten.

232
Gezielter Entzug auf Zeit

Er meinte, dass die Grundrechte
auch jenen sind nicht zu entziehen,
Faschisten nicht, all jenen Schlechten,
die uns der Menschlichkeit heut' fliehen.
Es würde werden Tyrannei –
doch irrte er hier klar dabei.

Ich meinte, dass die Tyrannei
verhindert würde, wenn Gericht
nun stoppen würde dieses Ei
und klären den Bedarf der Sicht:
dass ganz gezielt und ohne Frage
die Menschlichkeit verhindert Plage.

233
Was wäre vonnöten

Was wäre vonnöten, wenn Feinde gewönnen
den Kampf um die Demokratie?
Und dann vielmehr andere Zeiten begönnen,
wohl welche, wie einmal schon hie?

Es darf nie ein Feind an die Macht gelangen
und täuschen den Bürger, wie sie,
da dieser Feind ist in sich verfangen
und braucht doch mehr Therapie.

Sag, Freund, nicht, ich würde diskriminieren
den Feind der Demokratie;
du Freund –: Die Feinde den Sinn nicht kapieren
des Lebens, des Leides, das sie.

234
Der Bürger und der Staat

Es suchet der Mensch in dem Staat einen Trost
und beschuldigt derweilen ihn noch,
er ist mit den oben im Groll und erbost,
nicht entlasten, die oben, sein Joch.

Es findet der Mensch, im Irrtum, sich nicht:
der Staat enthebe den Bürger der Pflicht
zu kümmern sich um eine Haltung des Licht,
das Schatten auch lichtet zur Sicht.

Die Schuld, die verteilt wird, ist Schatten sodann,
denn einfach ist Leben noch nicht.
Nimm, o du Bürger, dein Leiden auch an:
such selber auch gütiges Licht.

Balance ist vonnöten, von Volk und von Staat,
ganz gleich ist's dem Staate ja nicht;
doch wenn mancher Rat sich der Bürger erspart,
bleibt dunkel sein eitles Gesicht.

235
Edel der Mensch

Edel der Mensch auf der Erde zu Haus,
da er fragt nach der Liebe schon lang.

Wo geht er hin? Und was macht ihn aus?
Was erscheint ihm als inniger Drang?

Edel die Fragen, die stellen er kann:
Wie wird gelingen sein Glück?

Er arbeitet für und auch gegen den Sang
eines Sinns, der entwickelt das Stück.

Jenes Stück eines guten und wahren Gelingen
auf dem Weg zu den höchsten Vermögen.

Doch nicht nur dem Gelde, doch eines Singen,
damit weniger sich Menschen belögen.

Ungut so manches, noch dreist mancher Wicht,
der Mensch bleibt achtsam dabei.

Gut sich entwickelt am Ende das Licht
die Linderung und Heilung des Schrei.

Ja, des Schrei nach dem Glück und dem Wohl:
dem Mensch ist's nie einerlei.

Die Mittel und Wege, die Kraft und Geduld,
zu kurz und zu schwach manches Mal.

Drum wird auch der Mensch, durch seine Huld,
sich entlasten von all mancher Qual.

Sowohl sind hier Staat als auch Bürger gefragt,
denn gemeinsam sei Glück stets gewagt.

236
Am Tage, wenn wir demonstrieren

Am Tage, wenn wir demonstrieren, Menschlichkeit beweisen,
wird trösten es uns in der Nacht, da uns das Dunkle sei
nicht aus der Welt und in den Herzen, manches Mal auch leisen
Verärgerung ob jenes Stichs, der uns darinnen ward.

Am Tage halten hoch wir kluge Sätze uns zu schauen,
auf Transparenten, Schildern, treffende Gedanken unserer Zeit,
dann soll die Phrase nicht gewinnen und jenes hohle Grauen,
das im Misstrauen quält und nicht beachtet unser Leid.

Am Tage nun, kann auch die Frage zum Zynismus werden,
wenn Feinde kapern uns, aus ihrer dunklen Nacht,
in jenes Land hinüber, wo wir Menschlichkeit bald sterben,
weil wir nicht klar genug schon wurden ob des Tages Pracht.

Am Tag begönne Nacht, wenn wir das Licht nicht schauten,
das von den Sonnen stammt, die weise Worte spenden
und die, auch kritisch, jenem Falter nicht vertrauen,
der uns geflogen kam, um uns in jene Nacht zu senden.

Am Tage, frisch, wird auch die Nacht bald zu uns kommen,
da dies uns regelhaft auch das Gesetz derweil
des Alls und Kósmos schenkt für ein recht glückliches Bekommen
der Chancen Liebe zu erringen für eine Kraft zum Heil.

Am Tag, wenn Gute, Wahre, uns das Heil neu definieren,
wird uns das Morgen offen bleiben und auch gewiss erfreuen
der Augenblick all jener Zeit des ewigen Sinnieren
nach Sinn und Frieden, den wir niemals dabei scheuen.

Am Tag soll Frieden sein und in der Nacht die Ruh',
da dieser Frieden auch uns tätig lässt bewegen
den Sinn der Arbeit und des Fragens ob des Nu
der Ewigkeit der Zeit, die einmal endet hier im Leben.

237
AN DEN GUTEN FREUND, DIE GUTE FREUNDIN

Mein guter Freund, du gute Freundin,
ich möchte wahrlich nicht dir auf die Pelle rücken
und dir die Lügen jeder Zeit so schmackhaft machen.
Mich interessiert, wie wir den Lügen uns entrücken
und sie durchschauen, verstehen und dabei auch erwachen,
weil doch uns beide sollte Wahrheit interessieren
und jenen Sinn, der nach Gerechtigkeit sich sehnt.

Vertrau, du Freund und Freundin,
doch dem Augenblick mit mir
und gib uns Chancen, die uns beiden dienen,
da doch der hohe Wert der Zeit liegt in dem Wir,
das sich gemeinsam findet und nicht wird verminen
die Wege des Vertrauens für jene Offenheit,
die uns erfüllt und tröstet friedlich jeden Tag.

So stell' mit mir all jene wesentlichen Fragen,
die aus den Seelen stammen und das Wahre wollen,
den Frieden und das Glück, die sind zu wagen
nicht nur, doch auch, weil wir anderen nicht grollen
und daher tiefe Stille uns mit Herz verbindet,
was wir doch gleich schon sind in der Verschiedenheit.

238
WER TIEFEREN SINN SUCHT

Wer tieferen Sinn sucht, für Freude und Leid,
    zum besten Verständnis,
wird dankbar Bewegung und Rührung
    mit Herzen der Seele erfahren,
da er auch bereit ist zur ewigen Liebe
    Bekenntnis,
dass Wahrheit ist fruchtbar und Ausdruck
    des kósmischen Wahren.

239
Glaub nicht der Klage

Glaub nicht der Klage, dem Jammern, der Schuld,
da diese recht ungut sich selber nicht sieht
und ohne Respekt und auch die Geduld
der Realität im Geiste entflieht.
Denn einer und eine, die glauben zu wissen,
sind kaum zu gewinnen für gutes Gewissen,
wenn sie in dem irrig eitelen Glauben
Millionen von Menschen am Leben berauben.

Glaub was die Sache hat menschlich zu sagen,
was klug ist und weise, nicht spaltet den Sinn
von jenem Bedenken das Beste zu wagen,
um edel und aufrecht zu leben mit Kinn.
Wer Kinn noch nicht hat, wird Schultern nur zeigen,
mit Kampf und dem Tod die Menschen vernichten
und zucken die Schultern, da krude und eigen
unmenschliches Herz sie eitel gewichten.

So glaub dir am Besten nur wirkliche Wahrheit,
den wirklich menschlichen Sinn und Vertrauen
und suche dir stetig die frischere Klarheit,
damit du für dich wirst am frischsten sie schauen.
Wo dir begegnet die Unruh und Hetze,
dort bringe dich still in Sicherheit, denn
zu gerne ja diese von Unwahrheit schwätze,
die wirklich ist Grund für die Lügen zu nenn'.

240
Froh ist der Mensch

Froh ist der Mensch, der mit Wahrheit befreundet,
mit jener Suche nach Sinn und Vertrauen,
denn wenn er's nicht wäre, der Mensch würd' verleumdet
und dann auch hinsiechen durch jenes Ergrauen.
Wer also die Wahrheit sucht, wird sie auch lieben
und sich auch entziehen den grausamen Hieben,
die in jener Neigung zur Unwahrheit liegen.

241
Wo in der Welt

Wo in der Welt Gerechtigkeit herrsche,
dort auch die Wahrheit uns liebt.
In einer Welt der Lüge und Märsche,
Kampf und den Krieg sie uns gibt.

Wo in dem Land die Menschen sie suchen,
dort auch die Wahrheit sie findet.
Denn in dem Land, wo Menschen oft fluchen,
dort sie die Lüge bald bindet.

Wo unsere Menschheit die Wahrheit schon kennt,
dort ist die Hoffnung zu spürn.
Denn sie wird achten und nicht verachten
und Menschen zur Liebe hinführn

242
Wir suchenden Menschen

Es suchen wir Menschen ein Leben für Glück
und Freude, Befriedung im inneren Ruhen
und laufen im Leben entgegen ein Stück
dem Frieden der Seele vertrautem Gemüt,
wenn übend wir uns mit ihm nicht vertun.

Es finden wir Menschen ein Leben mit Leid
und Trauern, dem Krieg, dem inneren Kampf
und rennen im Leben entgegen der Zeit
der Unruh des Geistes betrübten Verirrens,
wenn trübend wir uns verfangen im Krampf.

Es leben wir Menschen ein Leben für uns
und andre, die auch so, wie wir wollen leben
und streben im Leben entgegen der Freud
der Freiheit im Drang die Wahrheit zu schauen,
wenn klüger wir werden und Eigenes auch weben.

243
Die einfache Logik des Nationalen

Die einfache Logik des Nationalen,
die meint sich identisch mit einer Fahne,
hat Angst vor dem Tode, daher sie warne
vor Fremden und Andren und Paranormalen.

Die Logik sucht Ängste, weil Angst sie besetzt
und kämpft im Gewissen der farbigen Fahne,
doch im Geringsten die Logik nicht ahne
was Menschheit gewachsen ist heute gesetzt:

*

Gesetzt ist global die Mobilität,
gesetzt ist die Freiheit des Wegs,
gesetzt ist die menschliche Realität:
die Liebe, Verstehen, Gerechtigkeit stets.

*

Die Logik wird zynisch Verbrechen begründen
und selbst bald Verbrechen begehen,
sie wird nicht die Chancen im Grunde verstehen,
doch möchte Vertreibung verkünden.

Die Chancen sind Lernen von andren Kulturen,
die Chancen sind Fragen, die daraus entstehen,
die Chancen sind Suchen, die finden die Spuren
des Kennens und Wissens und auch des Verstehen.

244
Glauben, Wissen, Erkenntnis

Wo uns ein Mensch sich am Glauben erfreut,
dort wird er Zuversicht ehren. –
Wo uns ein Mensch das Wissen pflegt,
dort wird er Erkenntnis gewinnen. –
Wo einem Menschen Erkenntnis gelingt,
dort wird er frei nach weiterer suchen.

245
Der Grund, der uns vernetzt

Grad heute auch, du Schwankende der guten Zeit,
die Hunderttausenden sind deine neuen Freunde,
dort findet das Vertrauen statt, das in dem Leid
der vergangenen Jahre hat recht arg gelitten.

Sie trauen dir und deiner Freiheit zu,
dass du recht glücklich wirst, so wie sie auch,
nicht jenen trauen sie, zu denen sich gesellt
das kalte Jammern und die Klage hier im Land.

Sie trauen alle dir, du freie Schwankende,
und teilen Zweifel mit für dieses Leben
und über Land und Welt und jenes Krankende,
das uns zerrütten wollt mit krudem Streben.

Grad heute auch, am Tage neunzehn, nun,
sucht dich das Land vereint zu deinem Trost,
denn nicht die Schuld ist es, sie wird's nicht tun,
dass du von jedem Menschen wirst liebkost.

Ich weiß recht gut, genau, du weißt es auch,
die Liebe ist zuweilen noch recht unverdaut,
weil sie errangen einst den großen Brauch
und hatten solche Leut, wie heute eingebaut.

Die Leut, die unklug sind und die sind eingebaut
in die Partei der Zeit in unserem Land,
sie haben Recht misstraut und menschlich abgebaut
und geben Neues nicht in unsere Hand.

Doch wollen Altes hier in dieses Land verteilen,
weil sie recht gestrig sind und Furcht besetzt.
So schwanke nimmer mehr und lass uns Leben teilen,
da dies ist unser Grund, der uns vernetzt.

246
WIR SIND DIE MILLIONEN

Wir sind die Millionen der Demokratie, die verteidigt
wird von uns nun selbst, da nun Grenzen beleidigt
uns wurden schon mehrmals, doch nun exzessiv,
sodass uns vereint auf die Straße dies rief.

Komm nun auch, du Schwankende, Freundin der Zeit,
besinne dich gut auf den Grund all des Leid
und suche zu meiden das Leid und den Grund,
wir rufen nun laut in das Land hinein: Schund.

Schund jener Dreisten Meinung Gewalt,
Schund jenes Klagen, Verneinen, Hofieren,
Schund jenes Lügen und Fakten verdrehen,
Schund, denn das Ende sie müssen kapieren.

Komm nun auch du, du Schwankende, Freud,
widme dich Leben und Welten des Heut
und auch des Gestern, da dort wir verstehen,
wie heute sie lästern und können nicht sehen.

Wir sind die Millionen der Demokratie,
wir machen nun Schluss mit der Lüge, die nie
einsichtig ist nicht, nicht fragt oder schweigt,
da sie allein will, dass die Geige ihr geigt.

247
WENN EINER MEINT

Wenn einer meint, dass seine Welt
ist nicht in dieser Welt zu finden,
dann meint er wohl, dass seine Welt
sich stets von dieser wird entbinden.
Und dass er nicht mehr Träume wagt,
doch augenblicklich Wahrheit sagt.

248
Deutsche Geschichte – Wendemarken

1945 wurde sie beendet. (NSDAP)
1989 wurde was gewendet. (SED)
2024 wieder wird beendet. (AfD)

*

Hitler hat sich selbst erschossen
und wurde klar besiegt.

Honecker auf den Mond geschossen,
da keiner ihn mehr liebt.

Höcke wird uns ausgeschlossen,
Artikel 18 siegt.

*

Die erste, all der Welt, bewies,
dass sie über Grenzen stieß.

Die zweite hielt, mit neuem Namen,
bis Linke sie verkörpert nahmen.

Die dritte muss verboten werden,
sonst werden wir die erste erben.

249
Wenn grössere Bögen betrachten

Vielleicht wird die Welt uns doch noch stetig nun klüger,
wenn größere Bögen betrachten die tiefe Entwicklung der Zeit?
Denn verlassen die Bäume, die Höhlen nun leer und vergangen,
da im höheren Haus der Mensch nun Computer bedient?
Wer weiß, was nun ansteht, für die weite Entfaltung des Sinns,
wo die tiefere Frische des seelischen Wassers uns stillt?
Und der Drang zu umarmen, dies Leben, den Menschen, jetzt,
den stets freieren Weg, auf der Erde, allein, nun uns setzt?

250
Es tragen die Welten den grösseren Sinn

Es tragen die Welten den größeren Sinn,
in jeder der Religionen,
ins morgige Leben für das Glück des Ich-Bin
und tradieren sich dieses Lohnen.

Es werden so manche den Sinn bald verwässern,
in jeder der Religionen,
und suchen doch selber sich stets zu verbessern
und fordern für sich ein Belohnen.

Es suchen nur wenig den tieferen Sinn,
in jeder der Religionen,
für Frieden und Leben, der Welt den Gewinn
und werden sich selten nur schonen.

Es findet derzeit nur selten den Sinn,
in jeder der Religionen,
der Mensch seinen eigenen und freien Gewinn,
entgegen, was Massen betonen.

Es finden schon lange den flacheren Sinn,
in jeder der Religionen,
die Aber-Millionen den eitlen Gewinn,
da sie nur sich selber belohnen.

Woran es wohl liegt? Und ist es auch wahr?
In jeder der Religionen?
Geständnis sei frisch und nur jenen nah,
die andre damit nicht verschonen.

Denn wer jene Täuschung der Menschen quittiert,
in jeder der Religionen,
hat leider den Sinn nicht von Wahrheit kapiert,
dass sie nicht ist stets zu betonen.

Denn jenes Betonen lässt Phrasen erscheinen,
in jeder der Religionen,

wird daher ob Täuschung bald nicht mehr weinen,
da eifrig sie suchen Belohnen.

Wir sind schon belohnt, durch Leben und Sein,
fern jeder der Religionen,
wenn wir schon erfahren uns selber allein
und Zeiten recht friedlich bewohnen.

Wo nur geht es hin? Wo wollen wir sein?
Die Erde hier zu bewohnen?
Löst auf manchen Sinn und auch jenen Schein
ihr müsstet euch phrasenhaft klonen.

251
Von der Freude des Ego

Die Freude des Ego liegt auch in der Rede
und klar auch im eitlen Geschwätz.
Es ist zu erschauen in jedem, was lebe,
verbunden mit jenem lebendigen Netz

der Suche nach Glück und Entlastung allein,
der Suche nach Wert und auch Akzeptanz,
der Suche die Realitäten der Tiefe von Sein
zu bewegen frei in einem Tanz
der Worte und Sätze, verbindender Drang,
und auch im ganz eigenen, innigen Klang.

So schelte nicht Ego und immer nur dies,
doch sieh auch den Glanz und das Licht,
sieh auch die Grenzen, was Leben bewies
und verzichte auf Wahrheiten nicht.

Denn nur ein Verneinen, wird Feindschaften zeugen
und Hass auch derweilen dazu.
Such nicht den anderen schuldig zu beugen
und bleib in der inneren Ruh.

252
DEMOKRATISCH HANDELN UND VERWANDELN

Wie soll sie dich wandeln?
Wie willst du's erringen?
Die Sicht auf Demokratie!

Wie wirst du nun handeln?
Wann wirst du mir singen?
Vom Wesen der Demokratie!

Sie wird uns verwandeln.
Sie wird froh erklingen.
Erkenne die Demokratie!

Schau, wie sie verschandeln!
Schau, wie sie's erzwingen!
Mit Schmutz auf die Demokratie.

Sie Fragen nicht stellen
und meinen zu wissen,
zerstörend die Demokratie.

Da sie nicht erhellen
und ohne Gewissen,
verhexen die Demokratie.

Bedarf ist das Handeln.
Bedarf ist Verwandeln.
Im Sinne der Demokratie.

Auf Straßen zu wandeln,
um klarer zu handeln
als Masse der Demokratie.

Wer wollte verhandeln,
der würd nicht verwandeln,
doch schocken die Demokratie.

Wer wollte anbandeln,

der würde verschandeln
die Seele der Demokratie.

Gerade jetzt handeln,
Verbote anwandeln,
nicht gegen die Demokratie.

Doch *gegen* das Schandeln
und eitle Vergranteln
der Feinde der Demokratie.

253
DIE PHRASE IST KALT UND HEISS

Die Phrase ist kalt und stachelig auch
und zeigt falsche Politik.
Die Feinde des demokratischen Brauch,
sie nutzen der Phrasen Trick.

Die Phrase wird heiß und giftig dazu
und zeigt falsche Politik,
wenn Feinde verhetzen und mit der Unruh
verderben der Sache Geschick.

*

Die Ruhe ist warm und freundlich dazu
und zeigt uns die Menschlichkeiten,
nach denen wir streben und obendrein du,
zu lindern all unsere Leiden.

254
ACHTUNG UND ACHTSAMKEIT

Achtung ist gut und die gütige Achtsamkeit auch auf dem Weg
des Lebens, allein, mit den Fragen nach Frieden und Krieg.
Denn die Phrasen erkennen und verstehen den tieferen Grund,
wird entlarvend benennen, uns enttarnen notorischen Dieb.
Da die Freiheit er will, mit den Mitteln des einfachen Munds
und die Freiheit ist nicht, im Herzen schon reif ihm und lieb.

255
SOLL KLUG SEIN DER MENSCH

Soll klug sein der Mensch, muss klug sein die Tat,
entschieden für Einigkeit, Rechte, Freiheit und Rat.

Doch wie sieht es aus? Wie klug ist die Welt?
Hat Furcht sie vor ihrem Verderben?

Sie sucht so viel Geld und will niemals sterben,
da sie kaum ernst Frieden hier wagt.

Schau wie sie flüchten und Fragen vermeiden,
woraus sich entwickeln die psychischen Leiden.

Und Leiden auch werden Gewalt importieren,
in Herzen, mit Geist, der krude misstraut.

Und Leiden nicht werden den Sinn kapieren,
grad wenn auf den Führer es schaut.

256
SUCHT FREUDE

Sucht Freude im Lob und klugen Gewissen,
wenn Schande an euch wird geworfen
zu Unrecht und grob, aggressiv und verbissen,
die Freude sollt ihr nicht vermissen.

Die zynische Frage, die eitle Abwertung,
kann euch für das Falsche gewinnen.
Gebt acht daher stetig auf jene Bewertung
des Hasses, der stetig von Sinnen.

257
SCHULD ZEUGT DER MENSCH

Schuld zeugt der Mensch, der sich entlastet von einem Leid,
da er oder sie, noch überwindet nicht innigen Schmerz,
nicht hält inne, geschickt, zu verstehen das Joch jeder Zeit,
das zu heben kaum ist, da er's wohl immer spüret im Herz.

258
SCHAUT, WIE

Schaut, wie der Hass infiltriert
im Gemüt von leichtfertigem Geist,
wie Zynismus sich selbst generiert,
degeneriert ist dabei zumeist.

Schaut, wie der Hass nur entlastet,
und nicht löst den Irrtum sich auf,
wie sehr eilig er ist und stets hastet
und vergiftet lebendigen Lauf.

*

Schaut, wie der Frieden geschieht,
der die Ruhe hat Freiheit zu spüren,
der Erkenntnisse sucht und auch liebt,
der nicht lässt sich vom Hass heut verführen.

Schaut, wie die Liebe ist schwer,
wie gewichtig sie ist allemal,
wie nur wahllos der Hass ist stets leer,
doch wie die Liebe bleibt immer die Wahl.

259
WER GLAUBT SICH IM RECHT FÜR GERECHTERE DINGE?

Wer glaubt sich im Recht für gerechtere Dinge?
Und was ist sein Recht uns in echt?

Wer meint, dass mit seiner wörtlichen Klinge
bereits schon sein Recht hätte recht,
der irrt vielmehr klar, in dem deutlichen Sinne,
dass seine Gewalt fußt recht schlecht.

Wer klarer hier spricht, in dem freieren Sinne,
dass er wägt und befragt, was ist Recht,
der braucht nicht Gewalt und niemals die Klinge,
denn sein Wort hat die Ruhe in echt.

260
O DANKE

O danke, für Verbesserung,
da ich gern von dir lerne.
Ich übe die Entwässerung,
so Übel ich entferne.

O danke, für den klugen Rat,
ich bin noch unvollkommen.
Ich übe mich von früh bis spat,
doch dich will ich belohnen.

O danke, dass du mich belehrst
mit deinem harten Wort.
Es scheint, dass du dich noch beschwerst
zu Haus und immer fort.

O danke, da ich doch so dumm,
dich gleich nicht konnt verstehen.
Ich sehe, du hast großen Wumm,
du kannst so vieles sehen.

O danke, du hast wirklich recht,
wie konnte ich's nur meinen.
Du bist mir absolut im Recht,
du brauchst nicht jammern, weinen.

O danke für den klaren Sinn,
er schneidet scharf und willig.
So lass dir sagen durch mein Kinn:
Die Wahrheit ist nie billig.

O danke, dass du mir auch zeigst
das Falsche in dem Wahren.
Ich sehe, dass du mir es geigst,
doch ich bin nun im Klaren.

261
Vom Leben und Gott

Es scheint, dass Leben lange feindlich war
und endlich doch gezähmt nun wurde,
dass Wissenschaft und Technik, klar,
die Äcker mit Maschinen furchte.

Doch nun ist die Natur ein Gott
und, nein, doch bald vielleicht auch tot,
wie mancher es auf Ihn bezogen,
da doch der Mensch sich gern belogen.

Es scheint, der Gott ist immer noch
ein Mensch, der meint, wie er dem Joch
könnt sich entheben stetig doch,
doch dieses Joch lässt sich nicht heben.

Die technische Verbesserung
sorgt auch für die Entwässerung
und die Bewässerung der Wüste,
die dann mit Früchten Menschen grüßte.

Es scheint, die Sonne und das Leben,
kann nie der Mensch gefügig kriegen,
und daher bleibt ein Leid uns eben,
das uns ersucht uns doch zu lieben.

262
Geworfen in den Raum dieser Welt

Geworfen in den Raum dieser Welt, zog Entwicklung ihm auf,
jenes Wachsen und Blühen und Fruchtkörbe füllen,
wo die Wesen, die Menschen sich nennen, suchen Lebensverlauf
und verlieren sich bald in den Glauben an lautstarke Leute,
die mit Schuld sich befreien, doch nur scheinbar und irrig dabei,
da zurück sie noch liegen, mit dem Geist für die tierische Beute.

263
Vom Deutschtum-Dünkel mancher

Von welchen Deutschen redest du,
wenn du meinst, dass wir sterben,
weil dir es lässt wohl keine Ruh,
dass du's nicht willst vererben,
dein Deutschtum, Freund,
dein Fremdenhass?
Die ganze Menschheit ist das Fass,
das Menschlichkeit bedarf
erfüllend ohne Unterlass.
Das Deutsche ist nicht brav,
doch wird es, willig, *keinen* Menschen,
so wie noch du, im Land bekämpfen
und nicht in irgendeiner Welt.
O Graus, du bist nur dunkler Held.
Schau du Jahrtausende voraus
und sieh, wie es kein Land mehr gibt,
da jeder Mensch in jedem Haus
die ganze Menschheit endlich liebt.
Und Leben und Natur verehrt,
sich nicht, wie du, den Sinn verkehrt,
dass Deutschsein sei besonders
und hätte Recht das Land zu säubern
und zu betiteln mit den Räubern,
zu denen du doch mehr gehörst,
weil du dich an dem Menschsein störst.
Dein Dünkel ist ein irriger Sinn,
der noch nicht sieht des Mensch Ich-Bin
und nur von Angst unklug getrieben,
kann Andre, Fremde noch nicht lieben
und hasst nur, weil er Leben hasst.
Freund, nimm offen diese Worte ernst:
Du hast das Menschsein noch verpasst.
Denn:
Mein Deutschsein ist mir sehr global,
nicht national, wie deine Wahl.

Mein Deutschsein ist auch transzendent,
doch deines jenen Sinn verkennt,
dass Leben ist global, gebildet
und nicht, wie du, recht eingebildet
auf Etiketten, Fahnen, 'Schichte,
das waren schon ganz andre Wichte,
die national, im braunen Lichte
nicht sahen –: unsere Menschlichkeit!
Dein Deutschsein ist für mich nicht deutsch,
es ist nur klein und arrogant,
unmenschlich, weil es Hass nur fand.
Dich lehre ich das rechte Deutschsein,
das nicht bedeutet dir nun Kreuz sein,
doch menschlich will ich dich hier sehen
und dass wir endlich uns verstehen.
Der Rest wär Kampf und eitler Krieg,
das letzte, was dem Menschen blieb,
wenn er sich selbst wär noch nicht lieb.
Werd Mensch, du Mensch, du Irrender,
dich selber frei Entwirrender.

264
Es irren so manche im Leben herum

Es irren so manche im Leben herum
und werden auf Wegen die Wahrheit nicht schauen;
sie flirren im Geiste und menschlich noch krumm,
da sie dem Sinn all der Wahrheit misstrauen.
Sie selber nicht trauen dem eigenen Fein,
da Grobes hofieren und Feines verdrängen
sie nicht auch erbauen, doch andren verhängen
die Strafe, den Kampf jener Schuld für die Zeit.
Das Leben allein ist ihnen noch klein,
sein Wert nie wurde ihnen verspürt.

Es ist nicht getan solche damit zu lassen,
sie werden das Leben stets eilfertig hassen
und selber verachten sich, weil sie verlachten
den Fremden in ihrem Umnachten.

265
Die destruktiven Leute

Die destruktiven Leute heute
noch gieren eitel nach der Beute
des „Schnitzels" jenes dreisten Pakt,
der durch sie unseren Menschen packt
und diskriminiert und ruiniert,
was schon hat Menschlichkeit kapiert.

Drum dürfen diese Destruktiven
gewählt nicht werden, da sie riefen
den Ungeist jenes Volkes auf
des Landes mit dem Lebenslauf,
wo Durcheinander und viel schlimmer
sollt sich ereignen daher nimmer.

Den destruktiven Leuten heute
fehlt Anstand und die Lebensfreude,
da ungeheuerlich sie planen,
vor dem Millionen nun auch warnen.
Und dir sei es damit genannt:
Die AfD ist falsch im Land!

266
Wie kann's uns gelingen

Wie kann's uns gelingen, heute und morgen,
gemeinsam zu streiten, auf Sachen beziehen
und nicht künstlich zeugen neuere Sorgen,
indem wir dem Anspruch der Wahrheiten fliehen
und dann, recht persönlich, den Gürtel gefährden
und unter ihm hart uns gewaltig gebärden?
Ist's möglich für uns das Kluge zu schauen,
um Freiheit zu finden und lassen Vertrauen,
damit wir verständig und sachlich hier bleiben
und nicht uns faschistisch zum Bluten zu reiben?

267
Die tätige Hoffnung

Die tätige Hoffnung soll Demokratie leiten,
das Wissen zu suchen, zu finden und auch
die Fakten und Wahres den Welten bereiten
und dadurch zu gründen den sinnigen Brauch.
Was wäre sonst anderes übrig für sie?
Erkenntnis hier dient der Demokratie.

Bewegendes Fragen soll Demokratie leiten,
das Offne zu schauen und die Perspektiven,
sollt sich Therapien widmen, den Leiden,
hier die Religionen sie auch dazu riefen.
Was wollte Kritik daran eigen wenden?
Das Dunkle durch Fragen wir licht so erkennten.

Lebendige Debatten soll Demokratie leiten,
das Wägen der Gründe und Menschlichkeit,
nach dem, wie die Zeit uns dabei wird weiten
in jene der Räume der Herzen, bereit.
Warum sollt der Streit nur unfair gelingen?
Die Sache wird's zeigen und Volk freudig singen.

Erklärende Antwort soll Demokratie leiten,
mit Gleichmut und edel, mit Mut und Vertrauen,
da bessere Gründe entfalten durch Zeiten,
die mit frischem Sinn auch Wahres erschauen.
Wird also der Mensch auch die Wahrheit begreifen?
Die Sache des Lebens, dass geistig wir reifen?

Die offene Haltung soll Demokratie leiten,
Entwicklungen fördern, die Menschlichkeit wollen
und nicht durch die Furcht von Tod und den Leiden,
dem Mensch, der Natur, nie wieder grollen.
Die Freiheit gelingt, wirst du dich entwickeln?
Hin zu ihrem Grund und nicht dich verwickeln?

268
Wenn einmal und ständig

Wenn einmal und ständig ein Hass um sich greift
und eitel Gefühle verdirbt und beschmutzt,
dann hat bald ein Ungeist den Anstand geschleift
den Boden entlang, was die Unschuld verdutzt.

Wenn jemals und endlich ein Hass nicht gestoppt
wird eitel im Herzen unmenschlicher Sicht,
dann hat bald solch Fratze den Klugen gemobbt
zum Abgrund der Zeit, ohn' Haltung und Licht.

Wenn immer final der Hass hier besiegt
den Anstand, die Klugen, die Wahrheiten auch,
dann wird jede Welt nicht mehr froh geliebt
im Leben der Welten, denn Krieg wird zum Brauch.

*

Wenn aber die Liebe der Mensch hier tradiert,
was heißt, sie stets frisch zu entdecken,
dann haben es nicht nur die Klugen kapiert,
doch andere auch Chancen sich nicht zu verstecken.

269
Das kalte Zeugen kruder Logik

Sie zeugen die krude Logik der Zeit einer Welt,
die einen Abgrund, im Geiste erkrankt, inszeniert,
und sie auch ersuchen, giftig, nur das eigene Geld
des Selbstgerechten, der im Leben noch friert.

Nur kalt die Gedanken der Hasses der Selbstinszenierung,
die Dramen herbei und zerredet den Sinn
von Feinem und Anstand und nicht Infizierung
von Panik und krankem Gerede der Furcht.

270
Geht es dem Menschen im Leben recht gut

Geht es dem Menschen im Leben recht gut,
wird freuen der Mensch sich der Zeit.
Doch fehlt ihm noch oft der entscheidende Mut
zu erkennen und nehmen sein Leid.

Lebt hier ein Mensch erfüllt und recht tief
sich selbst und sein Eigenes sinnig,
dann weiß er, wie es ihn hierher rief,
dass er auch sein Leiden kennt stimmig.

Dem ersten ist Freude, dem zweiten das Glück,
der erste klagt an noch manches Gemüt,
der zweite ist weiter ein beträchtliches Stück,
da ihm sich die Seele entfaltet und blüht.

271
Schauen und Verstehen

Wer zuschaut und geschehen lässt,
sorgt bei Faschisten für ein Fest.

Wer schon versteht und mutig handelt,
der unsere Welt zum Besseren wandelt.

272
Immer mehr

Immer mehr der kluge Geist
uns die Lüge frei entlarvt,
da verständig er beweist,
wie die Lüge sich verlarvt.
Und am Ende sich entpuppt,
als ein Geist, der noch geduckt
und verschlagen Sinn verwarf.
Kluger Geist weiß daher mehr,
was der Lüge noch fällt schwer.

273
Es kommt heut weg

Es kommt heut der Faschistendreck
aus unsren Parlamenten weg.
Und wenn's der Wähler nicht verstünde,
ist's die Waffe, die begründe.
Denn nur Gewalt kann diese stoppen,
da sie sonst wirklich alle schocken.
Und rede nicht mir von Gewährenlassen,
da die Faschisten immer Leben hassen.
Gehörst du aber noch zu ihnen,
wirst klar du nur dem Übel dienen.
Und zweifelst du nicht an der Wahrheit,
so littest du an deren Narrheit.
So komm und wähle Demokraten,
die haben deutlich bessere Karten.
Und gib Faschisten keine Chance,
denn tödlich riefen die zum Tanze.

274
Vom Sticheln der Faschisten

Der Faschist mit Worten stichelt,
Hohn und Spott dem andren gibt,
bis der andre dann sich wehrt,
den Faschisten nicht mehr liebt.
Dann wird dieser groß posaunen,
dass der andre gar nicht lieb,
und durch Massen geht das Raunen:
der Faschist ist doch kein Dieb.
Aber wahr wird vielmehr sein:
der Faschist Verbrecher ist,
da er Lügen wird allein
ob des Ungeists seines Mist.

275
Wenn wahr dir das Leben

Wenn wahr dir das Leben, im Herzen dich rührt
ein Sinn, der du bist und alle Gestalt,
dann ist es, dass dich nicht ein Ungeist verführt,
da dir jenes Wahre im Herzen entfalt'.

Du wirst für den Sinn dieses Leben einstehen,
die Wahrheit begründen, Behauptung misstrauen,
die Schwebe der Frage im Geiste verstehen
und dich in dem Lob dieses Alles erschauen.

Wenn Zweifel dir ist, die Fragen dir bohren,
entspanne den Kampf in den Frieden hinein,
denn ohne Entspannung ist alles verloren
und Anmut wird grob und täuschender Schein.

So wähl demokratisch, so wähle den Sinn
der sachlichen Freude am Welten Gelingen,
find dich in dem Heute des Daseins Ich-Bin
und suche den Klang für das fruchtbare Singen.

Du weißt, dass die Welt ist im Unguten drin,
noch nicht ganz begriffen den klügeren Freund.
Wer noch nicht erkannt hat, was mittig ist in,
bleibt kurz und auch eng, weil gerne er schäumt.

Du mache es anders, du werd und bleib frei
nach Wahrheit zu schauen, zu jedem Beginn,
was immer dann wird, du sieht, was es sei,
denn Wahrheit ist gut, und schön ist ihr Sinn.

276
So ist das Leben

So ist das Leben, recht regelhaft, aus den Gesetzen erscheinend,
bricht sie der Mensch zu oft, wird er sterben an sich und der Welt
früher als es ihm lieb, tragisch im Krieg geblieben,
    bis zu dem letzten Ende.

277
VERHARMLOSE NICHT

Verharmlose nicht das Übel, das schon ist bekannt,
das Unheil der Dreisten du lade nicht auf
den Rücken unseres Jochs, in Europa, dem Land,
wo der Freiheit Gefahr gefährdet lebendigen Lauf.
Suche das Gute und kläre den eitrigen Schlamm
der Eitlen, die verbrechen uns wieder den Damm
und wegen leeren Versprechen, die Schuld auch anschmiern.

278
SIE GLAUBEN DIE LÜGEN

Sie glauben die Lügen, die sie uns vorspinnen,
wenn eitel sie schlecht reden, was nicht so ist
und suchen mit Lügen das größere Gewinnen,
und dann noch von Recht reden, das sie vermisst.

Sie hetzen mit Lügen zur Dreistigkeit Kampf,
mit Worten unfair und verbogen, verschroben,
verpannt unter Dampf, mit dem geistigen Krampf
und können rein gar nichts, das ist, uns noch loben.

So glaube nicht Lügnern, wie diesen und jenen,
nicht Lauten und Kämpfern der falschen Moral,
die keine Moral ist, so traue nicht denen
und wähle sie nicht, sie stehn nicht uns zur Wahl.

279
SCHULD VERTEILEN

Schuld zu verteilen ist kein Argument für den klügeren Geist;
unklug, mit Projektion, noch nicht seelisch zur Klarheit gereift.

280
Strafe und Macht

Strafe, zuweilen, ist hilfloser Ausdruck von kruderer Macht
auf dem Weg schon verneint Wahrheit und Menschlichkeit hier.

281
Weisheit wird sein

Weisheit wird sein, für den Klugen,
    gründlich die Sache zu schauen,
wo der Populist lügt, der Faschist
    den Fakt vergewaltigt.

282
Den Deutschen erschien

Deutschen erschien die Tragödie vor neunzig Jahren zuletzt,
als die Lüge gewann, dreist, wie auch heute dem Lande droht.

283
Damals und heute vergleichen

Damals und heute sind schon zu vergleichen,
    aber nicht ganz,
denn der Unterschied ist, dass das Übel
    wird klarer geschaut,
doch der Zukunft blind auch, wo so mancher
    vertraut dem Faschist,
da er meint, man dürfe – wie irrig – ihm
    die Chance auch geben.

284
Keine Chance den Faschisten

Gib Faschisten nie eine Chance ein Land zu regieren,
sie haben immer zerrüttet, vernichtet(!), was Jahrzehnte gedieh.

285
Faschisten und Gewalt

Faschisten sind nur mit Gewalt, so oder so,
    hier zu stoppen,
wo der Wähler ihn wählt, steht der Schwache
    den Lügen noch nah,
die er aber noch könnt leichter durchschaun
    ohne Trotz.

286
Faschisten und der Trotz

Wenn hier die Faschisten gewinnen, würd gewinnen
    der eitele Trotz,
jene irrige Sicht, die den Anstand nicht mehr ehrt
und Verbrechen erzeugt, weil er Feind
    des Lebendigen ist.

287
Vom Verschlingen der Lügner

Wo die Frage erscheint, ob der Faschist nicht doch auch recht hat, zeugt's den schleimigen Grund, wo schon rutscht die große Gefahr in den Abgrund bald ab, der nicht nur die Lügner verschlingt.

288
Der Faschist ist Verbrecher

Der Faschist wird den selbst inszenierenden Kampf
    stets verlieren,
doch bis dahin wird er, schuldig an sich und der Welt,
    zum Verbrecher.

289
DER FASCHIST IST EIN GRAUS

Der Faschist ist ein Graus in der Welt
    von Anstand und Freud,
er getraut sich dabei, Lügen den Massen zu bieten,
unverschämt wird er und zynisch trachten zur Macht
    mit dem Gift.

Wer durchschaut nicht den Wicht auf dem Weg
    in das Unheil hinein,
will sich schuldig nicht finden, am Ende
    der Trümmer und Not,
unbeschreiblich die Dummheit, die von Bildung
    noch nicht wurd erreicht.

290
DER FASCHIST IST UNGEIST

War es mit ihm nicht immer schon so gewesen im Land?
Dass er die Lüge spinnt und sich als Retter der Wahrheit versteht?
Und vergiftet das sachliche Wort, weil er nichts anderes kann?

Der Faschist ist Ungeist und trotziges Kind seiner Zeit.
Ihn zu hassen steht dem Weisen nicht an, er verachtet und kämpft
bis zum Tod, für das Leben, auf dem Weg des verständigen Sinn.

291
TATSÄCHLICH KRANKEND

Tatsächlich sind sie in die Trümmer
    des Geistes verstrickt,
die Faschisten, die tun, als hätten sie je
    was zu sagen,
getäuscht an der eigenen Hybris, krankend
    an den Fakten der Zeit.

292
ÜBER DIE UMKEHR UND PROJEKTION

Erst hassen sie die Politik
und gründen selbst eine Partei.
Dann nutzen sie den einen Trick
dass dieser Hass den Mächtigen sei
und unterstellen der Regierung
den Hass, zur eignen Infiltrierung,
um gegen, ja, sich selbst zu kämpfen.

Komplett so zeigt sich jeder Hass,
gefährlich an sich selber leidend
und überfüllt das eitle Fass,
das Sachlichkeit vermeidend,
von Anfang an, zerstörerisch
agiert und auch verschwörerisch,
rechts-kalt und auch verbrecherisch:
blau-braune trotzige Landverderber.

293
ICH HASSE NICHT

Ich hasse nicht, doch ich verachte,
was als Lügengroßmaul schmachte.
Ich passe nicht und nie verlachte,
wenn eine Lüge sich verbrachte.
Ich lasse nicht und auch nie brachte
mich um das Fragen, das bedachte.

Ich schasse sie, weil Demokratie
was Besseres hat uns stets verdient,
als jene Hassenden und Maulenden,
als jene Passenden und Jaulenden,
als jene Lassenden und nicht Zufassenden,
als jene eitlen Quasselnden,
als jene Hetze Prasselnden,
als jene alles nur Vermasselnden.

294
So wähle weise

So wähle weise und entscheide klar,
und schau nicht zu und lass nicht wählen,
die Dreisten giften hier so lang wahr,
bis ihre Macht wird Bürger quälen
und jene aus dem Lande weisen,
die rechtschaffen sind und ernst
am Sinn des Menschlichen bewirken
die Pflicht, den Stolz ein Mensch zu sein
auf jenem Weg dies hohe Leben
recht zu begreifen und zu ehren,
was jene mit dem Schmutz riskieren
und quälen sich ein Mensch zu sein,
dem nun die Grenzen sind zu setzen,
um nicht uns weiter zu verletzen,
was gut ist und was sachlich schön
an dem Vertrauen war gewesen
in jenen Hallen und den Plätzen,
da wir uns wirklich innig schätzen.

295
Kein weich gekochtes Ei bitte

So lass dich nicht verweichlichen
durch deren Reaktionen
auf unsere Entscheidungen,
wenn wir Verbot betonen.
So härte aus dies klare Ei
und lass Gericht entscheiden,
nicht fürchten deren Jammer-Schreien,
die schuldig an sich leiden:
Im Zetern jener bösen Welt,
die mit dem Haken droht und schlägt:
du ihre Hände hältst, als Held,
doch sie „Verbrecher!" schreit:
Willst du's der bösen Welt genehmen?

296
SCHLIESSLICH SEI FROH

Schließlich, sei froh dieses Lebens Bewegen
hin zur Regung des Wieder-und-Wieder
dieses Dasein zuschauen und innig zu streben,
da fast-ewig sind uns diese Lieder.

Einen eigenen Weg in Gemeinschaft zu bauen,
da die Wahrheit hier wartet gewiss,
mit Äonen-Geduld und ohne zu kauen
an dem Ohr, mit dem bissigen Biss.

Stelle Fragen nun freier, gewinne
jenen Ton für den menschlichen Klang
und da jetzt es immer beginne:
finde Sinn in dem heutigen Sang.

Trübsal schaut zu und suhlt sich darin,
ihrem krassen Verschulden der Zeit,
wo die innere Weite sieht diesen Sinn,
was gemeinsames Suchen befreit.

297
SCHLIESSLICH DIE CHANCE AUF SINN DER ERKENNTNIS

Chance, zuletzt, für Menschlichkeit,
ist die Hoffnung für immer im Jetzt,

da begrenzt in Endlichkeit,
weiß die Klugheit, wie man sich setzt,

über sich windend mit Verständlichkeit,
grad im Frieden einander vernetzt,

und die Grenzen gesetzt der Schändlichkeit,
die noch eitel, unreif, manches schwätzt.

Doch in diesem All der Unkenntlichkeit
klärt Erkenntnis den Sinn, der gesetzt.

※

„So wirst du mir denn doch gestehn:
Du hast die Größten deiner Zeit gesehn,
Dem Edelsten in Taten nachgestrebt
Halbgöttlich erst die Tage durchgelebt.
Doch unter den heroischen Gestalten
Wen hast du für den Tüchtigsten gehalten?"

(Goethe, Faust II, Faust)

Die Gegenwart wird uns die Zukunft weisen,
Wenn achtsam wir die großen Fragen schauen.
Doch wenn Antworten daraus sind die leisen,
Wird uns der Mensch der Welt sie niemals heißen.
Und somit nicht dem Sinn der Zeit vertrauen.
Was heißt, dass Frieden, Freiheit, schwerer zu beweisen.

(Thomas Klinger)

Anmerkungen

102 „Zum Henker mit der Wahrheit!"

1. (Seite 57) Der Begriff Wahrheit steht in diesem Gedicht für Menschlichkeit und die dazugehörige politische Position.

105 Vom Begehren des „Unmöglichen"

2. (Seite 59) Das Gedicht ist vom folgenden Vers inspiriert: „Den lieb ich, der Unmögliches begehrt" (Johann Wolfgang von Goethe, Faust II).

205 Wie sollten wir uns glücklich finden

3. (Seite 117) Gemeint ist Adolf Hitler, der eine Haarfrisur mit einem markanten Scheitel trug. Neben seinem abgebrochenen Bärtchen.

Alphabetisches Verzeichnis

A
Abschied I – Nimm an das Licht 51
Abschied II – Ins Unbekannte 52
Achtung und Achtsamkeit 143
All der Trommler Wege 109
Am Morgen schreibe ich 28
Am Tage als die Sonne brannte 24
Am Tage, wenn wir demonstrieren 132
An alle politisch Denkenden und Handelnden 48
An den guten Freund, die gute Freundin 133
An die AfD-Abgeordneten 124
An die Politik: Schaut nicht zu 121
Apropos Schönheit 71
Auch schwanke nicht hier 125
Auf dem Gassigang 7
Auf dem Weg zur Stille 18

B
Beschmutze nicht des Daseins Leben 68
Bewegung und Regung 50

D
Damals und heute 111
Damals und heute vergleichen 157
Das große Schweigen ist schon lange 88
Das kalte Zeugen kruder Logik 152
Das Volk und die Stufen 87
Das Wissen ist keine beliebige Sache 75
Demokratisch handeln und verwandeln 142

Den Atem stehlen	46
Den Deutschen erschien	157
Den kühlen Helden verirrter Zeit	38
Der Brei und der Schrei	95
Der Bürger und der Staat	130
Der Faschist ist ein Graus	159
Der Faschist ist Ungeist	159
Der Faschist ist Verbrecher	158
Der große Mund	112
Der Grund unserer Seins	65
Der Grund, der uns vernetzt	137
Der Hund, der bellt	7
Der Liebe Beginn	6
Der Ruhe Gemüt	49
Der Tränen Quelle	35
Der Unterschied	34
Der Verschwörungserzähler und der schwankende Wähler	125
Der Widerstand der heutigen Leute	45
Der Wolf und der Frieden	12
Deutsche Geschichte – Wendemarken	139
Die AfD-Protest-Partei	123
Die Denkenden	42
Die destruktiven Leute	150
Die edlen Ziele	11
Die einfache Logik des Nationalen	136
Die eitleren Leute	70
Die Falschen und die Richtigen	45
Die Frage, die nicht rührt	67
Die Fratze Krieg	43
Die Freiheit ließ sich nicht beirren	10
Die Gartenarbeit	31
Die Irrenden	127
Die Kläger und die Schläger	114
Die Leidenschaft erneut	100
Die Lerche	19
Die Lüge, die sich nicht füge	91
Die Masche	99
Die Masche eines Negierenden	104
Die Meinung ist willig	63
Die Phrase ist kalt und heiß	143
Die schattigen Träger der Krawatte	55
Die schweigende Masse, sie schweigt nimmer mehr	113
Die tätige Hoffnung	151

Die Weils der Details 95
Die Welt ist manchmal entrückt aus der Zeit 111
Die Wurzel 96
Drohe nur 50
Du Freund und Freundin 97
Du zeuge die Flamme 27

E

Edel der Mensch 131
Edel ist 5
Eisige Hunde 24
Entledigt euch 123
Erkenntlichkeit 83
Erklär mir 9
Erwachsen 16
Erwiderung auf eine Bayern-Kritik 69
Es gibt der Wahrheit einige 103
Es gibt die Wahrheit 103
Es gäb' sie nicht 91
Es irren so manche im Leben herum 149
Es kamen die Ratten 73
Es kommt heut weg 154
Es kommt nicht in Frage 115
Es lebt die gute Welt 128
Es mag der Regen jenes Rot der Adern waschen 53
Es möge 6
Es sind die Tage treu 77
Es tragen die Welten den größeren Sinn 140
Es wandern die Weisen ins schattige Land 72

F

Farbbeutel 46
Faschisten und der Trotz 158
Faschisten und Gewalt 158
Find' zu der Liebe hin 25
Frage die Welt 109
Fragen und Freiheit 86
Freie und unfreie Welt 112
Freude versus Schuld 118
Freund und Freundin, sei bewusst 112
Friede sei allen 43
Froh ist der Mensch 134
Füllig und maßlos 20

G

Geht es dem Menschen im Leben recht gut 153
Gelingt der Wahrheit Sinn 30
Gewissen oder keines 114
Geworfen in den Raum dieser Welt 147
Gezielter Entzug auf Zeit 129
Glaub fraglos nicht 79
Glaub nicht der Klage 134
Glauben, Wissen, Erkenntnis 136
Glaubt den Rechten nicht 100
Grenze und Tänze 69
Große und kleine Welt 122

H

Herbert 35
Herzbezeugen 30
Heute erstrahlt jener Widerstand 58
Heute hast du's in der Hand 110

I

Ich bin der Geist, der stets 47
Ich habe heute 28
Ich hasse nicht 160
Ich muss akzeptieren manch weltlichen Sinn 63
Ich werde mich nicht freuen können 15
Im Redefluss des Lehrers 127
Immer mehr 153
Irrtum und Licht 116

J

Jahreszeiten 8
Jene Nachgeborenen 30
Jetzt ist die Zeit 6
Joshua 20

K

Kaum ein Mensch des Volkes mag 56
Kein weich gekochtes Ei bitte 161
Keine Chance den Faschisten 157
Klage versus Freude 118
Klage versus Schönheit 118
Klarheit und Hetze 95
Klug ihr schon seid 48
Kollegen-Limerick 40

Konstruktiver Realismus 92
Kunst und die Wahrheit 17

L
Lande am Punkt 104
Lass dich nicht bitten 93
Lasst die Faschisten nicht mitregieren, ... 122
Lesen und Schreiben 28
Leuchten 21

M
Manche Leute glauben gerne 108
Marcellus' Garten 31

N
Na(r)zissten 104
Nach Klarheit suchen 13
Nicht rational sind manche Leute 110
Nicht recht sachlich 25
Nun deutlich wir sollten 97
Nur Freundlichkeit die Welt gewinnt 60

O
O danke 146
O wie wahr sind weise Worte 86
Öffne dir die Augen selbst 94

P
Poetische Sentenz 1 – Zur Aktualität der Zeit 88
Poetische Sentenz 2 – Zur Aktualität der Zeit 88
Poetische Sentenz 3 – Zur Aktualität der Zeit 89
Poetische Sentenz 4 – Zur Aktualität der Zeit 89
Poetische Sentenz 5 – Zur Aktualität der Zeit 89
Poetische Sentenz 6 – Zur Aktualität der Zeit 90
Poetische Sentenz 7 – Zur Aktualität der Zeit 90
Poetische Sentenz 8 – Zur Aktualität der Zeit 90
Popper, Brecht und ich 82

R
Reflektieren 36

S
Sag froh, du Freiheit 26
Schande 24

Alphabetisches Verzeichnis – Demos und Custos

Schau an 23
Schau auf in jenen weiten Raum 106
Schau gerne auf das farbige Leben 119
Schau mal an 93
Schauen und Verstehen 153
Schaut, wie 145
Scheindebatten 128
Schlaftrunken 35
Schließlich die Chance auf Sinn der Erkenntnis 162
Schließlich sei froh 162
Schuld verteilen 156
Schuld zeugt der Mensch 144
Schwanke nicht 120
Seelenhygiene 36
Sei entschieden 61
Sei klug 126
Selbstgefälliges Bereden 26
Sie drücken wieder 87
Sie gehen nun zu Tausenden 41
Sie gingen wieder auf Straßen und die Plätze 19
Sie glauben die Lügen 156
Sie klagten nur 29
Sie lebten und schrieben 54
Sie lächeln 32
Sie traten ins Freie 8
Sie weiß noch nicht 124
Siehst du die Gleichheit nur 79
Sinn, Vertrauen, Menschlichkeit 105
So ist das Leben 155
So manche sind in sich verfangen 126
So wähle weise 161
Soll dich die Politik ertragen 84
Soll klug sein der Mensch 144
Springende Frösche 22
Stell die Fragen 103
Still nicht der Weise 123
Strafe und Macht 157
Such jene Freude 53
Suche Freiheit 71
Sucht Freude 144

T
Tatsächlich krankend 159

Trage das Wissen 95
Trauen 23
Traut sich der Mensch 29
Treu sei der Mensch 39
Täuschung und Wahrheit 21

U
Über das dunkle Herbeireden 100
Über den Kampf mit der Wahrheit 47
Über die freie Meinung – Ein Gespräch 101
Über die Kommunikation mit einem Manipulateur 98
Über die Märtyrer-Phantasie 96
Über die sozialen Medien 94
Über die Umkehr und Projektion 160
Über die Verachtung jener 116
Über Grenzen 37
Und niemals den Neid 77

V
Vereitelte Konstruktivität 21
Verharmlose nicht 156
Vom „Petzen" und anderen Reflexionen 62
Vom Begehren des „Unmöglichen" 59
Vom Deutschtum-Dünkel mancher 148
Vom Leben und Gott 147
Vom Schreiben 27
Vom Sinn des Augenblicks 71
Vom Sticheln der Faschisten 154
Vom Stillsein, Zuhören und Umdrehen 66
Vom Unbekannten 74
Vom Verschlingen der Lügner 158
Von der Freude des Ego 141
Von einem gewissen Volk 115
Von gewissen Mächtigen 10

W
Wach auf, Gerechtigkeit! 91
Wage den Kampf mit der Wahrheit 46
Wandle den Frieden nicht um 44
Warum unbequem? 114
Was ist die Freiheit all der guten Kunst? 17
Was ist die Wahrheit denn? 120
Was ist still? 66
Was Sache ist 35

Alphabetisches Verzeichnis – Demos und Custos

Was sind die Fragen?	107
Was wir tun können	93
Was wird aus jenen	25
Was wäre vonnöten	130
Weisheit wird sein	157
Welch frohe Welten gehen voraus	49
Wem mangelt der Sinn für den Abschied	51
Wenn die Musi spielt, dann	121
Wenn einer meint	138
Wenn einmal und ständig	152
Wenn Fragen kaum in Frage kommen	69
Wenn größere Bögen betrachten	139
Wenn jene Grenzen uns erreichen	129
Wenn Leben endet	30
Wenn Menschen nicht die Fragen stellten	58
Wenn uns ein Traum noch nicht verbindet	119
Wenn wahr dir das Leben	155
Wer auf Fragen verzichtet	86
Wer Bücher liest	80
Wer einen Schmerz noch in sich hat vergraben	27
Wer eint sich noch	26
Wer glaubt sich im Recht für gerechtere Dinge?	145
Wer heute nicht und nie an morgen denkt	78
Wer legt einen Wert auf Wahrheit und Stil	39
Wer niemals an den Abschied denkt	52
Wer schaut den Frieden	24
Wer stetig an den Brücken baut	87
Wer tieferen Sinn sucht	133
Wer weiß wann	16
Wer wollte froh schon sein	76
Wie gehen wir mit den Stacheln um	13
Wie kamm es wohl? Wie wurden wir? – Und wo wandern wir hin?	64
Wie kann's uns gelingen	150
Wie sollten wir uns glücklich finden	117
Wir sind die Millionen	138
Wir sind zum Spaß auch hier auf dieser Erde	67
Wir sollten keine Schuldigen suchen	83
Wir suchenden Menschen	135
Wissen und Weisheit	50
Wo an Gewalt sie sich anlehnten	14
Wo in der Welt	135
Wo uns ein Frieden eint	25
Wo wandelt Frieden	44

Worauf noch wartet ihr? 121

Z
Zufall oder Einfall? 41
„Zum Henker mit der Wahrheit!" 57
Zum Unterschied gesellt sich zu 34

Impressum

MENSAION VERLAG
c/o Block Services
Stuttgarter Str. 106
70736 Fellbach
Deutschland

E-Mail: kontakt@mensaion.de
Internet: https://www.mensaion.de/

WEITERE BÜCHER IM MENSAION VERLAG:

ULRICH MACK
Zen•Ethik
Eine Herausforderung für die Verantwortung des Menschen

RICHARD L. CURRIER
Wir Entbundene
Wie acht Technologien uns zu Menschen machten, Gesellschaft veränderten und unsere Welt an den Rand des Abgrunds brachten

MALTE KRÜGER
Abteilung Attacke
Mit welcher Rhetorik die AfD endlich bekämpft werden muss

BRINGFRIED-JOHANNES PÖSGER
Erforschung und Erkenntnis
Was unser Menschsein menschlich macht